「絶対 Absolutely 矛盾的 Contradictory 自己同一」Self-Identity とは何か

続・「西田哲学」演習

Hiroshi Kurosaki
黒崎 宏

春秋社

序

――すべては絶対矛盾的自己同一

「うらを見せ　おもてを見せて　ちるもみじ」という句がある。良寛の辞世の句として、知られているものである。それはともかくとして、確かに万物万事、何事にも、表もあれば、裏もある。何事にも、表裏があるのである。表裏があって、はじめて、一つのものなのである。

しかし我々は、表裏を同時に見ることはできない。したがって我々は、何事も、その全体を一挙に見ることはできないのである。我々は、例えば、もみじの葉一枚でも、表を見て、裏を見て、やっとその全体を知ることができるのである。もみじの葉一枚ですら、我々は、それ自体を見ることはできず、その意味で、もみじの葉一枚ですら、それ自体は、我々の経験界を超越しているのである。もみじの葉一枚ですら、表から見ればカクカクに見え、裏から見ればシカジカに見えるものとして、言語的に、概念的に、記述されるものなのである、その様な、言語的存在なのである。ここにおいて、「表から」とか「裏から」とかいった見る視点を無視して、ただ単に「カクカクに見える」と言い、また、訂正なしに「シカジカに見える」と言えば、それは矛盾である。しかし、この二つの言明が、ある一つのものについての、二つの視点からの二つの見え方であるとすれば、そこには何の矛盾もない。しかも、その一つのものは、そのように二つの視点から見て、はじめてその全体像が把握できるものであるとすれば、そのような二つの言明の連言（「そして」で繋いだもの）は、必然なのである。この様な場合、西田幾多郎は、その一つのものを「（絶対）矛盾的自己同一（なるもの）」と言った。そこには、何の不自然さもないであろう。一般的に言えば、ある物事が「何であるか」、という事は、最終的には、それについて多面的に言語的に語る事によってのみ、明らかになるのである、即ち、その本質が確定されるのである。そうであるとすれば、

「この世における万事・万物は、「（絶対）矛盾的自己同一」なのである」

と言えるのではないか。

このことを、最も明確に示したのが、物理学では、まずはガリレイ（の「慣性の法則」）

であり、更には、より進んだ形では、アインシュタイン（の「特殊相対性理論」）であり、哲学では西田幾多郎（の「西田哲学」）である。しかも、「数」には、数学に於いて定義される「数」をも含めて、「基数」と「序数」という二つの顔があり、その意味では、先に言った「この世における万事・万物」には、「数」をも含めてよいのである。（末綱恕一著『数理と論理』弘文堂、一九四七、一二頁参照。）そうであるとすれば、西田幾多郎は、後に私は「「二〇世紀のヘラクレイトス」とでも言えるのではないか」と言うが、別の見方をすれば、「哲学におけるアインシュタイン」とも言えるのではないか。そして実際、西田は、アインシュタインにたいへん関心をもち、アインシュタイン訪日に一役買っていたのである。

以下において私は、「この世における万事・万物は、「（絶対）矛盾的自己同一」なのである」というこの事実を、できるだけ多くの人々に理解して頂きたいと思う。合わせて、それが、禅仏教の根本命題である「無自性空」からの必然の道であるのみならず、古代ギリシアの哲学を含め、既に多くの方面に於いて、明確に自覚されていたことも。

但し、後に見る如く、これには「光の速度を唯一の例外として」という但し書きが付く。光の速度は「（絶対）矛盾的自己同一」ではない。それは、如何なる観測者に対しても同一なのであるから。これは、アインシュタインの「相対性理論」の根本原理なのである。

最後に私は、付論として、この「（絶対）矛盾的自己同一」についての理解を前提として、

「哲学」とは何か、「宗教」とは何か、「道徳」とは何か、という問いに答えようと思う。更に、「付論」を三点追加する。なお「余滴」五点は、本書の本流とはいささか外れるが、本書を執筆中に心に浮かんだものである。「後書」は、本書を書き終えての、私のつぶやきであり、総括である。

最後に、小林公二氏、荒木駿氏をはじめ本書の出版にあたってご尽力いただいた方々に、厚く御礼申し上げます。

二〇二二年二月

黒崎　宏

註1：「慣性の法則」について

これは、ガリレイによって（、そして、ほぼ同時にデカルトによっても）発見され、ニュートンによって「ニュートン力学（古典力学）の第一法則」として定式化された法則である。（以下において再説されるが、ひとまずここで説明しておく。）

私は電車に乗った。電車が動き出した。加速度がついた。すると、それにつられて、進行方向とは逆の方向に引かれる力を受けた。しかし、加速度がなくなり、一定速度になると、もはやその力はなくなった。即ち、電車は、ただガタガタと音はするものの、静止しているときと変わりはなくなった。この場合、その電車の中で物を落とすと、万有引力によって真っ直ぐ下に、即ち、垂直下方に落下するけれども、進行方向とは逆の方向に、流されることはない。これは（真空中でのことではあるが、）「等速直線運動をしている物体は、常に進行方向に引かれているからではなく、如何なる力に引かれることもなく、等速直線運動を続ける」からである。これを、「慣性の法則」という。この法則は、一般には、こう言われる：「等速直線運動をしている物体は、外から力が働かないかぎり、その等速直線運動を持続する。」

ところで、この事態――私が乗っている等速直線運動をしている電車の中に於ける物体の落下――を、電車の外に立っている人が見たら、どう見えるであろうか。それは、その物体は、「慣性の法則」によって等速直線運動をしながら、万有引力による重力加速度（いわゆるg）で落下するのであるから、放物線を描いて落下するように見える。即ち、全く違って見えるのである。

これは、何を意味するであろうか。それは、電車の中の物の動きのような、全くありふれた現象であっても、視点が違えば全く違って見える、ということである。ここで存在するものは、一つに違いない。しかし、その一つのものが、視点の違いによって、「垂直落下」に見えたり、「放物線落下」に見えたりする。その一つのもの自体は見えないが、視点の取り方によって、「垂直落下」に見えたり、「放物線落下」に見えたりするのである。このような場合、そのような二つの見え方をするそのような一つのものを、「矛盾的自己同一」（なるもの）と言うことは、ごく自然なことではないのか。

アインシュタインの「特殊相対性理論」については、後出。

注2：「基数」と「序数」について

「私は、友達六人と、競争をした。私は三等であった。」かく言うときの「六人」の「六」は「基数」であり、「三等」の「三」は「序数」である。「序数」は、「順序数」とも言われるように、「順序」「順番」を表す数であり、「基数」は、集合に於ける要素の「数」「個数」を表している。しかし、「私は三等であった」という事は、「私を含めて、私の前に三人いた」という事であり、この場合の「三」は「基数」である。また、「友達六人」という事は、見まわして、「一人、二人、……」と数えたら、「六人目で終わりになった」という事であり、この場合の「六」は「序数」である。この様に、「基数」あっての「序数」であり、「序数」あっての「基数」なのである。両者は、「数」（自然数）という数学に於ける最も基礎的な存在の二面であって、その意味で「数」（自然数）は、矛盾を含んで自己同一、即ち、「矛盾的自己同一」なのである。

注3：「西田哲学」と言えば、本書を手にする人は誰しも「絶対矛盾的自己同一」という言葉を思い浮かべるであろう。しかし以下において私は煩瑣を避けて、多くの場合敢えて「絶対」という冠を省略させて頂いた。何故

なら、「西田哲学」においては、「矛盾的自己同一」と言えば、常に「絶対矛盾的自己同一」なのであるから。そして実際、西田自身多くの場合、「絶対」抜きで、ただ「矛盾的自己同一」と言っている。物事は、本来、矛盾を含んでいるものだ、として、「矛盾」をそのまま矛盾として認め、そこにこそ事の真相、——時間・空間的（四次元的）——深層構造を確認しようとするところに、「西田哲学」の真骨頂があるのではないか。（Iの15を参照。）

註4：例えば、桜の木は、季節がくれば、咲き始め、満開になり、散り始める。この場合、咲き始めた桜を「咲く桜」、散り始めた桜を「散る桜」と言うとすれば、ある一本の桜の木（例えば、靖国神社の「標本木」）について、それ以外に何の限定も無しに、字面だけで、「散る桜は咲く桜である」と言えば、これは、明らかに矛盾である。しかし、時間の経過を考慮に入れて、「今目の前にあるこの散り始めた「散る桜」は、一週間前に咲き始めたあの「咲く桜」である」、と言えば、そこには何の矛盾もない。そこで起こっている事は、一本の桜の木に於ける、形式的には「矛盾」しているように見えるが、しかし実質的には何の「矛盾」もない歴史的事実なのである。そこには、ある一本の木のその一本の木としての命が貫かれている。これを称して、西田は「自己同一」と言ったのではないか。そうであるとすれば、その一本の桜の木は、「咲く桜」と「散る桜」に於いて、形式的には「矛盾」しているが、実質的には「自己同一」なのである。まとめて言えば、その一本の桜の木は、「咲く桜」と「散る桜」に於いて「矛盾的自己同一」なのである。（後書の末尾を参照。）

「絶対矛盾的自己同一」とは何か
続・「西田哲学」演習

目次

V　ガリレイとアインシュタインにおける「相対性」と、西田幾多郎における「矛盾的自己同一」……127

VI　科学哲学者としての西田幾多郎の面目――『西田哲学選集』第二巻「科学哲学」論文集と末綱恕一『数理と論理』、および『西田幾多郎書簡集』を読む……149

「絶対矛盾的自己同一」とは何か——続・「西田哲学」演習

I　西田幾多郎の論文「絶対矛盾的自己同一」を読む

私は、二〇二〇年三月に、『「西田哲学」演習――ハイデガー『存在と時間』を横に見ながら』（春秋社）という小著を上梓した。そこにおいて私は、当然のことながら、西田哲学のトレードマークである「（絶対）矛盾的自己同一」という語を、いたるところで使用した。そしてその使用は、私の見るところ、全く自然であった。したがって私は、この「（絶対）矛盾的自己同一」という語について、特にあらたまって、それを主題として論ずる事はしなかった。但し、一か所、同書の中心をなすところの「Ⅵ　現実の世界の論理的構造（二）」において、註として、こう書いた。

「個物的限定即一般的限定」とは「個物の自己限定は即ち一般者の自己限定である」ということであり、「一般的限定即個物的限定」とは「一般者の自己限定は即ち個物の自己限定である」ということである。なお、「AはBである」とは、「AとBは、一つのもの（こと）の両面（表裏）である」と理解すればよい、と思う。後に現れる西田哲学のトレードマーク「絶対矛盾的自己同一」という言葉を用いれば、「AとBは、絶対矛盾的自己同一である」と理解すればよい、と思う。それは「AとBは、空間的に、あるいは時間的に、あるいは論理的に、絶対に両立しないけれども、しかし、別々の側面から、ある同一のもの（自己同一なるもの）を表している」ということである。

「（絶対）矛盾的自己同一」についての私の理解は、今もこれに尽きる。「絶対」という冠は、あっても無くてもよい。「相対矛盾」ということは考えられないから、である。

ところでウィトゲンシュタインは、その後期の主著『哲学的探究』の第Ⅱ部において、〈アヒル／ウサギ〉という、見方によってはアヒルにもウサギにも見える図を持ち出して、アスペクト・チェンジ（相貌変換）という現象を論じた。その図は確かに、後に示しているように、アヒルが話題であるときはアヒルに見え、ウサギには見えない。しかしその同じ図が、ウサギが話題であるときはウサギに見え、アヒルには見えない。しかもその同じ図が、話題がアヒルからウサギに転ずれば、同時に一瞬にして、アヒルからウサギに転じるのである。ここで私が問題にしたいのは、語「アヒル」に対しては図〈アヒル〉があり、語「ウサギ」に対しては図〈ウサギ〉があるのに、語「アヒル／ウサギ」に対しては、同じ意味では、図〈アヒル／ウサギ〉がない、ということである。図〈アヒル〉も図〈ウサギ〉も、それぞれ視覚的に存在し得るのに対し、図〈アヒル／ウサギ〉は、視覚的には、即ち経験的には、存在し得ないのである。図〈アヒル〉も図〈ウサギ〉も、それぞれの場合において、明確に見えるのに対し、図〈アヒル／ウサギ〉は、何処にも見えないのである。強いて言えば、そこに見えるのは、線書きの、アヒルともウサギとも言えない図形Xのみ、なのである。図〈アヒル／ウサギ〉——それぞれの場合に於いて、〈アヒル〉に見えたり、〈ウサギ〉に見えたりする図——は、そのように言語的に言えるのみなのであって、経験界——この世——には存在しないのである。それは、その意味では、経験界に対して超越的なのである、言語的に語られ得るのみの、概念的存在なのである。ここで私は思う。西田幾多郎ならば、こう言うであろう：「ここで言われるウィトゲンシュタインの図

〈アヒル／ウサギ〉なるもの

〈アヒル／ウサギ〉なるものは、ある場合には〈アヒル〉に見え、ある場合には〈ウサギ〉に見えるところの、それ自身は見えない「矛盾的自己同一」なるものなのであり、この世を越えた、神の如き超越的存在なのである。」

西田幾多郎には、晩年に、「絶対矛盾的自己同一」という長大な論文がある。おそらく、西田の多くの論文の中で、最も難解なものに属するであろう。以下において私は、今述べた図〈アヒル／ウサギ〉の話を念頭に置きながら、問題の論文「絶対矛盾的自己同一」の核心部分を読み解いてゆこうと思う。テキストとしては、上田閑照編『西田幾多郎哲学論集Ⅲ　自覚について　他四篇』（岩波文庫、一九八九）を用いる。したがって、引用の頁は同書による。「AB頁CD行からEF頁GH行」の場合には、「AB：CD-EF：GH」と書く。但し、ABとEFが同じ場合には、EFは省略する。

西田幾多郎の処女作『善の研究』には、その末尾に「知と愛」という美しい一章がある。そこにおいて西田は「知即愛、愛即知」ということを説いている。即ち、こうである。

愛は知の結果、知は愛の結果というように、この両作用（愛と知）を（因果的に意味上は無関係として独立に）分けて考えては、未だ愛と知の真相を得たものではない。（愛なくしては知はなく、知なくしては愛はない。両者〈知と愛〉は意味上、知は愛を内蔵し、愛は知を内蔵している。両者は同時に、相互に意味上、内在し合っているのである。したがって、極く粗く言って、）知は（部分的に）愛、愛は（部分的に）知（なの）である。（両者は、相互作用的なのである。両者は、違うけれど、意味上は相互に内在しあって一体なのである。）例えば、我々が自己の好む所に熱中する時はほとんど無意識である。自己を忘れ、ただ自己以上の不可思議力が独り堂々として働いている。この時が主もなく客もなく、真の（意味での）主客合一（主客一体の時）である。この時が（真の意味での）知即愛、愛即知（の時）である。（小坂国継 全注釈『善の研究』講談社学術文庫（2006）453：2-6）

例えば、数学を念頭において考えても、少なくとも少しは知っていなければ、好きになることはできないが、しかしまた、好きでなければ、知ろうとすることはできない。かくして、愛と知は、堂々巡りなのである、そしてその意味で、両者は一体なのである。したがって我々は、西田哲学を理解するためには、少なくとも西田哲学についての先入観を排し、悪意なく、虚心坦懐に接しなければならない。西田は「愛は知の極点である」（同書454：13）とさえ言っているが、しかし、知は愛の極点でもあるのである。

以下において私は、西田幾多郎の懐に飛び込んで、その哲学の極点に触れてみようと思う。註と丸括弧（）は私の挿入である。山括弧〈〉と傍線は、私の特に強調したいところである。句読点と段落などを少し変えた所もある。

本論――矛盾的自己同一の世界

ここから本論に入るが、のっけから難解である。少なくとも、親切ではない。願わくば、さきに上梓した拙著『「西田哲学」演習』を、先ずはお読みいただきたい、と思う。

1　現実の世界とは、物と物との相働く世界でなければならない。（かく言う時の「物」とは、物理的な意味での「物」のみならず、自己や他己を意味する「個物」をも意味するものである。）現実の形は、物と物との相互関係と考えられる（ところの）、相働くことによって出来た結果と（しての一つのシステムと）考えられる。しかし物が働くということは、物が自己自身（の現状）を否定することでなければならない、物（の現状）というものが（否定されて変化し、その物の現状というものが）なくなって行くことでなければならない。物と物とが相働くことによって一つの世界（――「一つのシステム」――）を形成するということ（「多の一」）は、逆に物が一つの世界（システム）の部分と考えられること

(「一の多」)で(も)なければならない。　(7.3-7)

現実の世界とは、物と物とが相働く世界でなければならない、即ち、「多の一」でなければならない。しかし、「多の一」として一つの世界が形成されると、今度は逆に、物が一つの世界の部分として、「一の多」が成立する。「多の一」は原子論であり、「一の多」は全体論である。従って、現実の世界は、(多が先立つ)原子論の世界であると同時に、(一が先立つ)全体論の世界でもあるのである。かくして我々は、現実の世界を、「原子論」の世界と見ることも出来るし、「全体論」の世界と見ることもできる。現実の世界は、「原子論」と「全体論」の、あるいは、「多の一」と「一の多」の、矛盾的自己同一の世界なのである。

2　元来、(流れゆく)時は単に過去から考えられるものでもなければ、また未来から考えられるものでもない。現在を単に瞬間的として(流れゆく時を表す)連続的直線(実線)の(上の長さの無い)一点と考えるならば、現在というものは(ありようが)なく、従ってまた時というものはない(ことになる)。過去は現在において過ぎ去ったものでありながら(、現在は未だその影響下にあり、従って過去は)未だ過ぎ去らないものであり、未来は未だ来らざるものであるが（、現在が目指すべき方向として、）現在において既に現れているものであり、現在（で）の矛盾的自己同一として、過去と未来とが（矛盾）対立し、時というものが（超越的に）成立するのである。而してそれ（超越的なる時というもの）が（過去と未来の）矛盾的自己同一なるが故に、時は過去から未来へ、（過去から）作られたものから（未来を）作るものへと、（自己限定的に）無限に動いて行くのである。

(9:2-9)

3

（素朴に考えれば、時の動きは、一本の直線——実線——によって表される。そして）瞬間は（その）直線的（に表された）時の（上の）一点と考えねばならない。（中略）時（の動き）は（時を表す直線上の一点の）非連続の連続として成立するのである。時は（移り行く時を表す瞬間の）多と（その全体としての）一との矛盾的自己同一として成立するということができる。

(9:10-12)

「非連続の連続」ということについて、少し説明しておきたい。ここに一本の実線がある。それは、点線でも破線でもなく、紛れもなく、一本の真っ黒な実線である。それには、何処にも隙間がない。今、その上のある一点をとり、Pとする。そして、すぐに次の瞬間に、

Pのすぐ右に一点をとり、Qとする。この場合、勿論、PとQの間には、何がしかの隙間があらねばならない。即ち、PとQは非連続なのである。そこで、QをPに近づけようと思う。しかし、QをいくらPに近づけても、Pに一致しない限り、PとQの間には、隙間が残る。実線には隙間がないからである。これを要するに、PとQは、本質的に非連続ならざるをえないのである。瞬間というものは、本質的に非連続なのである。しかしPとQは、実線上の二点であるから、繋がっている。実線には、何処にも隙間がないからである。したがって、PとQは、本質的に連続なのである。かくして、PとQは、即ち、瞬間と言うものは、本質的に「非連続の連続」なのである。そして、かくいうことに何のケレンもない、何も奇をてらってはいない。

事のついでに、若干補足しておこう。実線上に一点をとることに、何の問題もない。しかし、点には長さがない。したがって、点をいくら集めても、無限に集めても、実線にはならない。点は、いわば、実線の切り口の断面なのであり、零次元なのである。

4 (我々が生きているこの) 具体的現在というのは、(無限の過去から無限の未来にわたる) 無数なる (歴史的) 瞬間の (現在における) 同時存在ということであり、(その意味では) 多の一ということでなければならない。(しかし) それ (即ち、多の一ということ) は、(先ず多ということを前提として、それが一として一括されるのであるから、）時の空間（化）でなければならない。（そして）そこ（時の空間化）では、時の瞬間（というもの）が否定せられる（、止まってしまう、死んでしまう、）と考えられる。しかし（瞬間の）多を否定する一は、それ自身が矛盾でなければならない。瞬間が否定せられるということは、時というものがなくなることであり、現在というものがなくなることである。然らばといって、時の瞬間が個々非連続的に成立するものかといえば、それでは時というものの成立しようはなく、瞬間というものもなくなるのである。(9:12-10:1)

瞬間というものは、成立した途端に消えて、次の瞬間が成立してゆくべきものであるからである。それが真の生きた瞬間というものである。したがって、瞬間は、非連続の連続なのである。即ち、多の一、なのである。そうであるとすれば、瞬間というものは、一面において「多の一」でありながら、それの連続において成り立つものとして、他の一面においては、「一の多」なのである。即ち、瞬間というものの正体は、「多と一との矛盾的自己同一」なのである。したがって真の瞬間は、感覚を超えた超越的存在なのである。

5 時は、現在において（の、無限の過去から無限の未来にわたる無限の）瞬間の同時存在ということから成立せなければならない。これを、「多の一」（にして且つ）「一の多」（である）として、現在の矛盾的自己同一（現在における「多と一との矛盾的自己同一」）から時が成立する、というのである。現在が現在自身を（自己）限定する事から時が成立する、ともいう所以である。〈時の瞬間において永遠に触れる〉というのは、瞬間が瞬間として（全体的一と絶対矛盾的自己同一をなす）真の瞬間となればなるほど、それ（瞬間）は絶対矛盾的自己同一の個物的多として絶対の矛盾的自己同一たる永遠の現在の瞬間となるというにほかならない。〈時が（超越的なる）永遠の今の自己限定として成立する〉というのも、かかる考えを逆にいったものに過ぎない。（10:2-7）

6

現在において過去は既に過ぎ去ったものでありながら未だ過ぎ去らざるものであり、未来は未だ来らざるものでありながら既に現れているというのは、抽象論理的に考えられるように、単に過去と未来とが結び付くとか一になるとかいうのではない。（過去は過去であって未来ではなく、未来は未来であって過去ではない。しかし過去と未来は、相互否定的でありながら、現在において、超越的に同一のものを共有している。即ち、過去と未来は、）相互否定的に（超越界において）一となるというのである。（そして）過去と未来との相互否定的に一である所が現在であり、（したがって、）現在（を構成するところ）の矛盾的自己同一として過去と未来とが対立するのである。而してそれ（過去と未来）が矛盾的自己同一なるが故に、過去と未来はまた何処までも（単に）結び付くものでなく、何処までも過去から未来へと動いて行く。しかも現在は、多即一（にして）一即多の矛盾的自己同一として、（即ち、時の動き行く）時間的空間として、そこに（時の動き行く）一つの形が決定せられ、時が止揚せられると考えられねばならない。そこに時の現在が永遠の今の自己限定として、我々は時を超えた（超越的な）永遠なものに触れると考える。しかしそれ（永遠なもの）は矛盾的自己同一として否定せられるべく決定せられたものであり、時は現在から現在へと動き行くのである。（多を前提にして）一が「多の一」ということが（原子論的ということであり、）空間的ということであり、（更に、）「多から一へ」ということが機械（論）的ということであり、（因果的に）過去から未来へということである。これに反し（一を前提にして）「多が一」（と言うとき）の多ということは、世界を（一つの理法に従っている全体と考えることであり、全体論的考えであって、その意味で）動的に考えること、時間的に考えることであり、（したがって）一から多へということは世界を発展的に（自発的に、自己展開的に、発出論的に）考えること、（ライプニッツのように）合目的的に考えることであり、未来から過去へということである。（ところが、――これが西田哲学の核心であるが――多を前提にするでもなく、一を前提にするでもなく、多と一を平等に見て、）多と一との矛盾的自己同一として「作られたもの」から「作るもの」へという世界は、現在から現在へと考えられる世界でなければならない。現実は（この様に動き行く）形を有《も》ち、現実においてあるものは、何処までも「決定せられたもの」、即ち実在でありながら、矛盾的自己同一的に決定せられたものとして、現実自身の自己矛盾から動き行くものでなければならない。その背後に一を考えることもできない。多を考えることもできない。「決定せられること」そのことが（同時に「決定すること」という）自己矛盾を含んでいなければならない。（それが現実なのである。）

(10:8-11:10)

西田哲学は、勿論、「原子論」ではない。しかし、だからと言って「全体論」でもない。言ってみれば、それは、原子論と全体論の矛盾的自己同一として、両者を弁証法的に止揚したものなのである。そして、その原子論的側面においては「個物」が活躍し、その全体論的側面に於いては「一般者」が活躍する。具体的には、拙著『「西田哲学」演習』（春秋社、二〇二〇）をご参照ください。ついでに一言。西田は、時々、右記のように、普通には「持つ」と書くべきところを「有つ」と書き、また、何々「しない」と書くべきところを何々「せない」と書く（例えば4で）。私は、そこに西田のそこはかとない体臭を感じるので、そのままにしてある。

7

右の如く絶対矛盾的自己同一として、（過去から）「作られたもの」から（未来を）「作るもの」へという世界は、またポイエシス（制作＝製作）の世界でなければならない。製作といえば、人は唯主観的に物を作ることと考える。しかし如何に人為的といっても、いやしくも客観的に物が成立するという以上、それ（製作）は客観的でなければならない。我々は手を有するが故に、物を作ることができるのである。我々の手は作られたものから作るものへとして、幾千万年かの生物進化の結果として出来たものでなければならない。（中略）無論斯くいうも、我々の製作が自然の作用だなどというのではない。手が物を作るのでもない。然らば物を作るとは、如何なることであるか。物を作るとは、物と物との結合を変ずることでなければならない。大工が家を造るというのは、物（建築材料）の性質に従って物と物との結合を変ずること、即ち形を変ずることでなければならない。（中略）現実の世界は（例えば家の場合、建築材料の）多の一として、（家という）決定せられた形を有った世界でなければならない。これを何処までも（一を予想しない）多から一へと考えるならば、（偶然にそうなったのであって、）そこに製作（制作）という如きものを入れる余地がない。これを（逆に）一から多への世界と

8

考えても、それは何処までも（その一の存在の理法に従った一本道の）合目的的世界たるを免れない。（そこには、）唯自然の作用あるのみである、（それは）生物的世界たるに過ぎない。（そういう訳で）この世界（＝現実は、そ）の根底に多を考えることもできず、一を考えることもできず、何処までも多と一との相互否定的な絶対矛盾的自己同一の世界にして、個物が何処までも個物として（世界）形成的であり、物を作ると共に、それ（個物）は、作られたものから作るものへとして、何処までも歴史的自然の形成作用（を担っている）ということができる。(11:11-12:11)

時が何処までも一度的なると共に、現在が時の空間（場所）として、現在から現在へと、現在の自己限定から時が成立すると考えられる如く、世界が（過去と未来の）矛盾的自己同一として作られたものから作るものへということは、個物が製作的であるということであり、逆に個物が製作的であるということは、世界が（過去から）作られたものから（未来を）作るものへということである。我々がホモ・ファーベル（工作人＝ものを作る人）であるということは、世界が歴史的ということであり、世界が歴史的であるということは、我々がホモ・ファーベルであるということである。而して（過去と未来の）絶対矛盾的自己同一の世界においては、（それを成り立たせる）時の現在において時を越えたもの（超越的なもの）に（概念的に、即ち、ヘーゲル的に言えばベグリフ Begriff によって）触れる（ベグライフェン begreifen する）と考えられる如く、作られたものから作るものへとして、ホモ・ファーベルの世界はいつも現実に（それが意味する）形（イデヤ）を見る世界である。いわば過去から未来への間に（こちら側は過去に属し、その裏側は未来に属するところの）意識的切断面を有つ世界である。（このように、）作られたものから作るものへの世界は（両者に属する）意識面を有つ、（そして）そこに（過去と未来を同時に）映すという意義があるのである。我々は行為的直観的に（未来を）製作するのである、（そしてその）製作は意識的でなければならない。絶対矛盾的自己同一の世界の意識面において、製作的自己は思惟的（直観的）と考えられ、自由と考えられる。我々の個人的自覚は製作（イデヤを見ながら行われる制作）より起こるのである。

(12:12-13:7)

9

世界の底に（絶対的な）一を考えることもできない、（絶対的な）多を考えることもできない。（ことの真相は）多と一とが相互否定的（な矛盾的自己同一）として、（過去から）作られたものから（未来を）作るものへ、（なのである。そんなこ）と（を）いえば、多くの人にはそれが実在の世界とは考えられないかも知れない。多くの人は世界の底に（絶対的な）多を考える、（そして）原子論的に世界を因果必然の世界と考えている、物質の世界と考えている。矛盾的自己同一の世界は一面に何処までも爾《しか》（このように、即ち、そのような物質の世界と）考えられる世界でなければならない。しかしそれは現実の矛盾的自己同一から（その一面として）爾考えられるのでなければならない。現実とは単に与えられたものではない。単に与えられたものは（ただ部屋の中に座して、概念的に）考えられたものである。我々がそこに於いてあり、そこに於いて働く所が、現実なのである。働くということは唯意志するということではない。物を作ることである。我々が物を作る。（しかし）物は我々によって作られたものでありながら、我々から独立したものであり逆に我々を作る。しかのみならず、我々の作為（行為）そのものが物の世界から起こる。私のいわゆる行為的直観なる所が、現実と考えられるのである。（我が物に行為的に身体的に働きかけ、その反作用として、物が我に働き返す、この相互作用の行われる所が現実なのである。）故に我々は普通に身体的なる所（身体が役割を演じる所）を現実と考えているのである。作るものと作られたものとが（この現在において）矛盾的に自己同一なる所、現在が現在自身を限定する所が、現実と考えられるのである。科学的知識というものも、かかる現実の立場から成立するのでなければならない。科学的実在の世界も、かかる立場から把握せられるのでなければならない。また我々の身体が運動によって外から知られるといわれる如く（中略）、我々の自己というものも、歴史的社会的世界においてのポイエシスによって知られる（自覚される）のであろう。歴史的社会的世界というのは、作られたものから作るものへという世界でなければならない。社会的ということなくして、作られたものから作るものへということはない、ポイエシスということはない。我々が考えるという立場も、歴史的社会的立場に制約せられていなければならない。

(13:8-14:10)

「世界の底に（絶対的に）一を考えることもできない、（絶対的に）多を考えることもできない。」ここで言われていることは、裏を返せば、我々は、ある一面からは「世界の底に一を考えることができる」しまた、他の一面からは「世界の底に多を考えることができる」ということである。そして、両者（一と多）の矛盾的自己同一こそが、真実在なのである。そして、西田においては、前者における一は、超越的一者（絶対無）であり、後者における多は、個物の多である。そしてこれらの矛盾的自己同一が真実在なのである。これが「西田哲学」の立場である。だからこそ西田の文章では、いたるところに「（絶対）矛盾的自己同一」という言葉が乱舞しているのである。しばしば誤解されているように、西田哲学においては絶対無が真実在である、とは言うべきではない。絶対無は、絶対矛盾的自己同一の一面に過ぎないのである。

10 （また、）多と一との絶対矛盾的自己同一として自己自身によって動き行く世界においては、主体（の多）と環境（歴史の一）とが何処までも相対立し、それ（そのような世界）は自己矛盾的に自己自身を形成し行くと考えられる世界である、即ち生命（主体＝生き行く人間）の世界であるのである。しかし主体が環境（歴史）を形成し環境（歴史）が主体を形成するといっても、それは形相が質料を形成するという如きことではない。個物（主体）は何処までも自己自身を限定するものでなければならない、（自ら）働くものでなければならない。働くということは、何処までも他を否定し他を自己となそうとする（自己の支配下に置く）ことである、自己が世界（の支配者）となろうとすることである。然るにそれは逆に自己が（自己自身を変じ、今の）自己自身を否定することである、自己が世界の一要素となることである。（もしここで、多と一との絶対矛盾的自己同一を否定し、）この世界を多の一として機械的（無機的）と考えても、または一の多として合目的的（有機的）と考えても、いやしくもそれ（この世界）が実在界と考えられるかぎり、かかる（多と一との絶対矛盾的自己同一という）意味において（両者は）矛盾的自己同一でなければならない。しかし（多の一として）機械的と考えればいうまでもなく、（一の多として）合目的的と考えても、個物は何処までも自己自身を限定するものではない、真に働くものではない。（しかし個物は、自己自身を限定するものであり、真に働くものなのである。したがって、背理法により、個物（生き行く人間）の機械論も有機体説も支持できない。）

（15:4-14）

11

多と一との絶対矛盾的自己同一として、（多と一の）自己矛盾によって（自ずと）自己自身から動き行く世界は、いつも現在において自己矛盾である、現在が（多と一との自己）矛盾の場所である。抽象論理の立場からは、矛盾するものが結合するとはいわれないであろう、結合することができないから矛盾するというのである（、と言うであろう）。しかし何処かで相触れなければ矛盾ということもあり得ない。（対立がなければ、綜合もない。そして、綜合がなければ、対立もない。）対立が即綜合である。そこに弁証法的論理があるのである。

（21:4-8）

12

歴史的世界の生産様式が非生産的として、（過去と）同じ生産（様式）が繰返されると考えられる時、それが普通に考えられる如き直線的進行の時である。（この場合、）現在というものは（過去と同じで、その意味で）無内容である、（そして）現在が（未来の）

形（イデヤ）を有たない、（未来を）把握することのできない、瞬間の一点と考えられる。（したがってこの場合、）過去と未来とは（、実線上の）把握することのできない瞬間の一点において結合する（接触する）と考えられる。物理的に考えられる時と言うのは、かかるものであろう。物理的に考えられる世界には、生産ということはない、（即ち、）同じ世界の繰返しに過ぎない。（したがって、物理的に考えられる世界は、）空間的な、単に多の（瞬間の連なった）世界である。（21:15-22:4）

13

（忌むべき過去を背負った現在と、明るい未来を思い描く現在の）真に矛盾的自己同一的な歴史的社会的（現在）世界においては、いつも過去と未来とが自己矛盾的に（現在の）現在において（共時的）同時存在的である、世界が自己矛盾的に一つの現在（現在の現在）であるということができる。（22:13-14）

14

歴史的現在においては、何処までも過去と未来とが矛盾的に対立し、かかる矛盾的対立から矛盾的自己同一的に新な世界が生まれる。これを私は歴史的生命の弁証法というのである。（23:13-14）

15 現在において無限の過去と（無限の）未来とが矛盾的に対立すればするほど、大なる創造があるのである。（そこにおいて）新なる世界が創造せられるということは、単に過去の世界が否定せられるとか、なくなるとかいうのではない、（過去の世界は）弁証法においていう如くアウフヘーベン（止揚）せられるのである。歴史的世界においては無限の過去が現在において（理想とされる無限の未来と矛盾対立させられることによって、それを契機として、新なる世界へと）アウフヘーベンされている（止揚されている）のである。（24:5-8）

アウフヘーベン（aufheben）を「止揚」と訳すには、いくらか問題がある。というのも、これを「揚棄」とか「棄揚」とかと訳す人もいるからである。しかし西田は、今述べたように、「(そこにおいて）新なる世界が創造せられるということは、単に過去の世界が否定せられるとか、なくなるとかいうのではない」と言っているからである。ここにおいて西田が言っていることは、Aは、アウフヘーベンされてCに到るということは、Aには矛盾対立するBがあり、その矛盾対立を契機としてCに到る、ということなのである。AとBは、Cに到る二つの契機であり、Cにおいても、棄てられることなく、内在しているのである。それが西田におけるアウフヘーベンである。そこで私は、アウフヘーベンの訳として「止揚」をとった。AとBは、棄てられるのではなく、Cに「止め」おかれるのである。

16 過去と未来とが自己矛盾的に現在において対立するというには、（過去を背負った）現在が（未来に対しての行動の）形（イデヤ）を有たなければならない。それ（行動の形・イデヤ）が歴史的世界の生産様式である。個人的立場からいえば、我々はそこに行為的直観的に（一瞬先のあるべき）物を見、また（我々は）作られたものから作るものへ（である、）ということができる。逆に我々が（このように）ポイエシス的なる所、行為的直観的なる所が、（過去から未来へと踏み出す）歴史的現在であるのである。(24:10-13)

17 弁証法においては、対立が即綜合、綜合即対立ということであり、対立なくして綜合はないが、綜合なくして対立もない。綜合と対立とは何処までも「二」であって（、しかも自己矛盾的に）「一」でなければならない。（綜合には、それの契機となった対立が内在しているのである。対立を理解していなければ、綜合も理解できない。）(25:7-9)

註：「西田哲学」は、「矛盾的自己同一」の弁証法の哲学なのである。

18 我々の自己意識は、過去と未来とが（この）現在の意識の野において結合し、それが

（現実と理想の、伝統と革新の、約束と実行の、過失と謝罪・償いの、等々の、一般的に言えば、過去と未来のせめぎあいたる）矛盾的自己同一として動き行く所にあるのである。

(26:13-14)

19

絶対矛盾的自己同一として作られたものより作るものへという世界は、（現在の）過去と（現在の）未来とが相互否定的に現在（という場所）において結合する世界であり、（それによって、現在の過去と現在の未来のとが、）矛盾的自己同一的に（現在の）現在が形を有ち、現在から現在へと自己自身を形成し行く世界である。世界がいつも一つの現在（現在の現在）として、作られたものから作るものへである。（そして）矛盾的自己同一として（現在の）現在の形というもの（——そこでは、現在の過去と現在の未来在とが矛盾対立し、それを解決すべく、現在の現在が自己否定的に次の現在の現在へと非連続的に（西田）跳躍する（クリプキ）、投企する（ハイデガー）——）が世界の生産様式である。此の如き世界がポイエシスの世界である。かかる世界においては、見るということと働くということとが矛盾的自己同一として、形成することが見ることであり、見ることから働くということができる。我々は行為的直観的に物を見、物を見るから形成するということができる。働くという時、我々は個人的主観から出立する。しかし我々が世界の外から働くのではなく、その時既に我々は世界の中にいるのでなければならない。働くことは働かれることでなければならない。我々の働くということは、単に機械的にとか合目的的にとかいうことでなく、形成作用的ということであるならば、形成することは形成せられることでなければならない。我々は自己自身を形成する世界の個物として形成作用的に働くのでなければならない。（29:7-30:3）

20

具体的人間としては、我々は制作的・行為的として歴史的・社会的世界に生まれ来るのであり、何処まで行ってもかかる立場を脱するものではない。与えられるものは歴史的・社会的に与えられるのであり、（行為的直観において）直観的に見られるものは、行為的・制作的に見られるのであり、（それが表現するものは、）表現的に我々を動かすものである。（それは、）矛盾的自己同一的現在の世界において与えられたものとして、我々の個人的自己に迫るものでなければならない。社会というものは、矛盾的自己同一的世界の自己形成として成立するのである、如何に原始的であっても、単に本能的ではない。単に全体的ではない、多と一との矛盾的自己同一的でなければならない。我々は個人的自己として絶対矛盾的自己同一的なるもの超越的なるものに対しているのである。マリノースキイのいう如く、原始社会にも既に個人というものが含まれていなければならない。動物的群居と異なるものがあるのである。原始社会はトーテムとかタブーとかにより極度に束縛せられる。しかしなお個人の自由というものがあるのである、故に罪というものがあるのである。

(69:13-70:8)

21

歴史的世界は、(とにかくはじめは、)生物の始から人間に至るまで、(個物的)多と(その全体的)一との矛盾的自己同一である、而して作られたものから作るものへと動いて行く(、と考えられる)のである。

(しかし)動物的生命においては、なお(その)個物的多が全体的一に対立せない、即ち個物が独立せない(のである)、(即ち、過去から)作られたものから(未来を)作るものへとの歴史的進展の過程が、(個物が独立していないが故に、即ち、全体的一の支配下にあるが故に、)全体的一(だけ)の過程と考えられる、即ち(機械論的ではなく、全体的一の自己展開として)合目的的と考えられる。個物が独立せないということは、(個物が実は個物ではないということであり、全体的一の一部として、その中に埋没し個物としては消滅してしまっているということであって、したがって、)逆に(全体的)一がなお(個物に対立する)真の一で(は)ないということである。(ここにおいて結局、相互対立するはずの個物的多と全体的一は、共に消滅してしまう。ここにおいて、全体的一は、)個物的多の世界に対して対立的

（原文では、超越的）で（は）ないということである。（言うなれば、それは）なお（単に個物的）多の（集まりとしての）一であるということである。

これに反して人間の世界においては、如何に原始的であっても既に（それは個物的）多と（その全体的）一との（間で）矛盾的自己同一的である。しかしそれでも原始的社会にあっては、個物はなお真に独立的ではない。全体的一は抑圧的である。全体的一は単に超越的である。（個物的）多は（全体的）一の（もとにおける）多である。然るに（他面、）個物は何処までも（自由にして）独立的たることによって個物である。絶対矛盾的自己同一の世界においては、個物が個物自身を形成することが世界が世界自身を形成することであり、その逆に世界が世界自身を形成することが個物が個物自身を形成することである。（個物的）多と（全体的）一とが相互否定的に一（自己同一）となる、（そして）作られたものから作るものへである。（この）絶対矛盾的自己同一の世界においては、かかる契機が含まれていなければならない。それが文化的過程である。かかる立場において、個物的多を生かすことが全体的一が生きることであり、全体的一が生きることが個物的多が生きることである。社会が、実体的自由（を有するもの）として（倫理を体現する）倫理的実体となり、歴史的世界（を形成するところ）の形成作用として（働くとき、）我々の行為は道徳的意義を有つ。

（74:1-16）

22

絶対矛盾的自己同一の世界は、作られたものから作るものへとの自己形成の過程において、イデヤ的である（ところの）、（未来に対する）直観的なるものを含む（中略）。しかし私はそこに（即ち、作られたものから作るものへとの自己形成の過程において働く、未来に対するイデヤ的直観的なるものに）世界の自己同一を置くのではない。もし然いうならば、（即ち、そこに世界の自己同一を置く、というならば、）それは絶対矛盾的自己同一の世界ではない。絶対矛盾的自己同一の世界においては、自己同一は何処までもこの世界を越えたものでなければならない。それは絶対に超越的でなければならない、人間より神（超越者）に（経験的に）行く途はない。（それと同じで、）個物的多と全体的一とは、この世界において（は）何処までも（経験的には）一とならないものでなければならない。この世界に内在的に、（そして）イデヤ的なるものに、自己同一を置くかぎり、世界は真に自己自身から動く現実の世界ではない。この故に（自己自身から動く）絶対矛盾的自己同一の世界は、（内在的な）イデヤ的なるものをも否定する世界でなければならない、（イデヤを内在する――分有する――プラトンが夢見た）イデヤ的世界は（現実の世界ではなく）仮現の世界である。

(76:6-14)

西田幾多郎と道元の時間論——現在は過去と未来の矛盾的自己同一者

以上においての中心テーマの一つが時間である。「時間とは何か」、この古くて新しい問題に、西田も取り組んだ。そして、ある意味、非常に明快な時間論を展開した、と私には思われる。以下において私は、私が理解した限りでの「西田幾多郎の時間論」を素描してみよう。

西田は、「伝統主義について」という講演に於いて述べているように、過去は過去として現在にあり、未来は未来として現在にある。そのような過去と未来は、それぞれ、〈現在の過去〉と言い〈現在の未来〉と言うことが出来よう。両者は、現在に於いて相接し、そこが、過去の終点であり、未来の起点である。その場所は〈現在の現在〉と言うことが出来よう。したがって〈現在の現在〉は、過去の終点として過去に属し、未来の起点として未来に属しているのである。それ故、〈現在の現在〉は、独立存在ではなく、過去から見れば過去の終点であり、未来から見れば未来の起点である所の、矛盾的自己同一者なのである。そしてそれはその意味で、経験世界を超越した概念的存在なのである。これが、〈現在の現在〉というものの本質であると思う。

参考までに、西田哲学において最も難解であると思われる論文「場所」から、一文を引く。

時間上に生滅する意識作用が意識するのではない。意識は永久の現在でなければならぬ、意識においては、過去は現在においての過去、現在は現在においての現在、未来は現在においての未来ということができる、いわゆる現在は現在の中に映されたる現在の影である。（第二節末尾）

いま一つ、参考までに、井筒俊彦の論文「創造不断――東洋的時間意識の元型」（『コスモスとアンチコスモス』岩波文庫、二〇一九）から、一文を引く。これは、道元の時間論へのイントロダクションであるが、西田幾多郎の時間論へのイントロダクションとしても、十分に通用するであろう。

（「絶対現在」である）「而今（にこん／しきん）」は、刻々に移っていく。「而今」は刻々に新しい。しかしながら、その一つひとつが（曼荼羅がそうであるように、空間的）非時間的 totum simul（同時炳現）の挙体現成である故に、この意味での「現在」は、普通に考えられているような、過去と未来の結合点、分岐点としての、ほとんど無に等しい一点ではない。一瞬でありながら一瞬ではない。無限の過去と無限の未来とのすべての内的区分を已れのなかに呑みこんで、しかも一瞬であるような「現在」だ。この「現在」には、いわば全時間を溶融した時間的厚みがある。道元的な言い方をするなら、「而今」としての「現在」は、一瞬一瞬に「尽時」（すべての時を尽くす）でなければならない。そして、「現在」が、時々刻々「尽時」であるということは、とりもなおさず「現在」が、時々刻々に「尽有」（すべての存在を尽くす）であるということでもある。「尽時」「尽有」の「現在」。こうして我々は道元その人の時間論の世界にはいる。(189:3-12)

では、井筒は、どのようにして、道元その人の時間論の世界に入いるのであろうか。これについては、井筒は、「創造不断」の2「道元の「有時」について」の最終節五において、委細を尽くして論じた後に、こう締めくくっている。

こうして、道元の構想する時間論は、（「時間」というものは、）「我」を機能先端として、刻々に新しく現成していく「有時の而今」(「尽時・尽有」的に重々無尽であるいま)の相続に窮極する。
(208:5-6)

これは、こういうことである、と思う。

道元の構想する時間論は、「時間」というものは、歴史的存在である「我」が歴史を切り開いてゆく機能先端として、刻々に新しく現成していく「有時の而今」(永遠の過去と永遠の未来の「存在」と「時間」を重々無尽に含んでいる絶対現在の今)を相続する事に尽きる。

そしてこれが、西田の時間論と同根であることは、言うまでもあるまい。要するに、こうである。

「時は今の自己限定である。」

これは、「世界最短の時間論」であろう。

ことのついでに、「世界最短の存在論」は何か、を考えてみよう。それは、言うまでも無く、道元言うところの、「有時」であろう。以下は、同じ井筒俊彦の論文「創造不断」からの引用である。

時間と存在とが互いに絶対不可分であるという、この根本命題は、やがてもう一歩進んで、存在は時間であるという命題になる。ものがあるということは、時間であるということ。ある一つのもの（A）について、「Aが存在する」と言えるなら、当然、（Aという存在を主語として、）「Aが（Aとして）時する」とも言える。存在（原文では時間）と時間（原文では存在）のこの完全同定が、道元のいわゆる「有時」である。「有時」とは、（中略）「有」即「時」、存在・即・時間、を意味する。

(190:11-191:1)

存在が、一般的に、あるいは抽象的に、時間だというのではない。もっと具体的に、経験世界で我々の逢着する「毎物毎事」、そのどの一つを取っても、時である、というのだ。

(191:4-6)

「この尽界の頭頭《ずず》物物《もつもつ》を時時なりと覰見《しょけん》すべし」

「しかあれば、松も時なり、竹も時なり。」
「要をとりていはば、尽界にあらゆる（尽界にある、の意）尽有は、（刻々と）つらなりながら時時なり。」
「山も時なり、海も時なり、時にあらざれば山海あるべからず。山海の而今に時あらずとすべからず（今ここに、「現在」性のすべての重みをかけて現前している山海を見て、ただ山と海があると考えてはいけない。それらが、それぞれに時であることを忘れてはいけない。）時もし壊すれば山海も壊す。時もし不壊なれば山海も不壊なり。」

（191:7-192:6）

万物の生成躍動する存在世界。それぞれのものが、それぞれに、そのもの本来のあり方を守りつつ（「法位に住して」）――松は松でありながら、竹は竹でありながら――あたかも波間に躍る魚のように生々と現成している。ものが時するとはそのこと。それを「有時」というのだ。

ものがある、ということは、ものが時する、ということである。これを意味して、道元は「有時」と言う。

［余滴1］　「矛盾的自己同一」との関係で、思い浮かぶこと

1

よく人は、「生きるということは、生かされているということである」と言う。これは、紛れもない一つの真実である。これは、生きるということと生かされているということとの矛盾的自己同一の事実である。また、よく聞く言葉に、「自由とは必然の洞察である」というのがある。かつて私は、この言葉を聞いて、長年苦しんでいた「人間機械論」から脱出することができた、という思い出がある。そしてこの言葉もまた、自由と必然の矛盾的自己同一、を説いているのである。自由と必然は「不一不異」である（「一ではないが、異でもない」）ということを説いているのである。

2

一八世紀から一九世紀にかけて、カントの哲学を批判的に継承したドイツ観念論

の哲学者にフィヒテがいる。主著は『全知識学の基礎』である。そこにおいて彼は、その基礎概念として、**Tathandlung**という造語を用いた。普通には「事行《じこう》」と訳される。わかり悪い言葉である。私も、昔から気になっていた。**Tat**は、動詞**tun**（行なう）の過去形**tat**（行なった）の頭を大文字にしたものであり、「行なった」を意味する。**handlung**は、勿論、**Handlung**（行なう事、行為）を意味する。そうすると、**Tathandlung**は、文字通りには、「行なった・行なう」ということになる。私は、これを「行なった｜行なう」と書き、これを**Tathandlung**の訳語として用い、それが何を意味し得るかを考えてみようと思う。

まず注意すべきは、「行なう」は、文法的には現在に属するが、意味上は未来に属する、ということである。「行なう」と言うときには、まだ行われてはいないからである。そして勿論、「行なった」は過去に属する。したがって、「行なった｜行なう」は、時間的には、〈過去｜未来〉という事になる。ところが、「行なった」は過去の事として現在にあり、「行なう」は未来の事として現在にある。そしてその現在が、〈現在の現在〉として、「行なった｜行なう」の間にある縦線―として表されているのである。したがって、我なる存在は、時間的には、〈現在の現在〉たる縦線―にあるのである。そして、その左面（過去面）が「行なった」過去を表し、その右面（未来面）が、「行なう」未来を表している。そしてその縦線―は、時間的には〈現在の現在〉を表し、内容的には、「行なった」と「行なう」の矛盾的自己同一を表しているのである。したがって、我なる存在は、この意味で、「行なった一行なう」によって、十全に表現されていると言えると思う。勿論、「行なった（Tat）」を我における「事（Tatsache）」とすれば、Tathandlung は直ちに我における「事行」とはなるけれども。そして実際、西田はそう理解していた節がある。西田の論文「左右田博士に答う」の五には、こうあるのである。

> 事即行にして無限の過程と考えられるフィヒテの事行は、客観的思惟としての自覚の構成作用を言い表すに十分であろう。

デカルトは、「我思う、故に、我あり」と言ったが、フィヒテは、「我「行なった一行なう」、故に、我あり」、と言っているわけである、と思う。『全知識学の基礎』（岩波書店、木村素衛訳）の第一部、第一章の六には、「我は存在するは一つの事行（Tathandlung）を言い表す」という文章がある。

ところで西田は、愛弟子である木村素衛《もともり》のこの訳書に、「序」を書いている。昭和五年三月のことである。そこにおいて西田は、こう回想している。

若し私自身のことを一言するを許されるならば、嘗てベルグソンの如き立場とリッケルトの如き立場との統一に苦心した私は、それをフィヒテの事行に求めた。数年前までは、私は尚フィヒテの旗印の下に立ってゐたものと云ってよい。今日といへどもフィヒテを離れたのではないが、唯フィヒテの事行的発展の背景にプロチノスのそれに類する自己自身を見るものを求め、かかる立場からフィヒテの事行的発展の思想をも抱容したいと思うのである。

ここで西田は、「フィヒテの事行的発展の背後にプロチノスの、それ（事行的発展）に類する自己自身を見るものを求め、」と言っているが、それでは、プロチノスの（フィヒテの事行的発展に類する）〈自己自身を見るもの〉とは何か。それで私は、井筒俊彦著すところの『神秘哲学――ギリシアの部』（岩波文庫、二〇一九）の第一部第四章「プロティノスの神秘哲学」に当たってみた。するとそこに、こうあったのである。

（個物に対して絶対的超越者にして絶対内在者である）一者の境位においては、「観ること」は直ちに「成ること」である。故にそれ（「観ること」）は厳密に言えば観るという言葉で言い表されるものではない。何かを観るのではなくて、それと交流し、それの裡に消融し去ることである。（中略）そこには（主客という）二つのものはなく、見る者は見られるものと完全に一になっており、見るというより合一するという方が正しい程なのであるから、かのものと混融しつつあった時に自分が何者となっていたのかを記憶している人があれば、彼は自分自身の裡にかのものの影像をとどめて居る筈である。（391:14-16（中略）392:16-393:4）

西田がプロチノスの形而上学に見たものは、〈見る〉とは対象に〈合一〉し、対象に〈成る〉ことであり、そして場合によっては、自己の内に対象の影を留める、ということであった。したがって当然、〈自己自身を見るもの〉とは、自己自身に〈合一〉し、自己自身に〈成る〉もの、の他にはない。それでは、自己自身に〈合一〉し、自己自身に〈成る〉ものとは何か。それは、勿論、自己自身である。かくして、二人の自己自身が現れた。〈見る自己自身〉と〈見られる自己自身〉である。しかし両者は、二人にして一人、一人の人格の二つの側面である。私は、前者を、

〈現在の現在〉の自己自身、後者を、〈現在の過去〉の自己自身、と考える。そして、前者が後者に合一し、そこに立ち現われたのが、次なる〈現在の現在〉の自己自身である。かくして、時は進んでゆく。西田的に言えば、「現在から現在へ」である。そしてこれが、「未来へ」という事に他ならない。

ギリシア哲学は、ソクラテスに始まり、プラトン、アリストテレスを経て、プロチノスに至り、プロチノスによってアリストテレスを越えてプラトンに帰り、更にプラトンをも越えて大成した。これが、井筒俊彦のギリシア哲学観の粗筋である。今は、このギリシア哲学観の正否は問わない。ただここでは、井筒俊彦の言う所を前掲書に於いてみる事にする。

> アリストテレスを越えてプラトンへ！　若しプロチノスの立場の歴史的意義を一言にして表明せんとするならば、我々は恐らくかかる標語を以てするほかはないであろう。(270:3-4)

> プロチノスにおいては、深き罪の呪いに充ちた陰鬱なる苦悩の世界と、罪を知らぬ明るい無邪気な歓びの世界とが背中合わせに並立して居り、而も両者は同

一である。大地に遍満する暗澹たる穢汚と苦悩に堪えかねて遥かなる久遠の光の世界を恋い、観照的生の実践によって現世を棄却した霊魂は、道の秘奥を窮めた後ふたたび地上に還り来れば、万象ことごとく絶対者の寂光の裡に摂取され無上の歓喜に相融和する幽邃かぎりなき風光に接するのである。観照は罪の世界に始まり、罪なき世界に終わる。そして観照の始めと終わりをなす罪の世界と罪なき世界とは同じ一つの世界なのである。其処にプロチノス的観照生活の神髄が存する。

(285:6-13)


若し人が真にプラトンを理解しアリストテレスを理解するならば、彼はプロチノスの鑑賞的ヌース論が、非ギリシア的なる一つの外来要素であるどころか、寧ろ却ってプラトン・アリストテレス的知性主義の正統的発展であり、純ギリシア的「合理主義」の極致ですらあることを見出すであろう。

(287:15-288:2)


プラトンを真に深く理解する者のみアリストテレスを深く理解することができる。然してプラトンとアリストテレスとを共に生きる体験によって理解する者のみよくプロチノスを理解することができるのである。

(288:16-289:3)

私はここに、仏教でよく言われるところの、例えば、親鸞における「往相と還相の思想」、および、西田哲学における「矛盾的自己同一の思想」と、同じものを見る。おそらく西田はプロチノスに親近感を抱いていたのではないか。「矛盾的自己同一」などと言うと、何かおどろおどろしいものを感じる人がいるかもしれないが、それはむしろ、純ギリシア的「合理主義」（理性主義）の極致ですらあるのである。

3　物の世界（物質の世界）においても、矛盾的自己同一ということがあり得ることの証として、「場所的論理と宗教的世界観」（『西田幾多郎哲学論集 Ⅲ』岩波文庫）から、一文を引く。

働く（作用する）ものとは、如何なるものであるか。働く（作用する）ということは、物と物（例えば、太陽と地球）との（万有引力による）相互関係（相互作用）において考えられる。それでは、それ（太陽と地球の相互作用と）は如何なる関係（作用）であるか。働く（作用する）というには、先ず一（方）が他（方）（に力を及ぼし、）（その状態）を（変えて、）否定し、（同時に、反作用によって、）他（方）が一（方）（に力を及ぼし、）（その状態）を（変えて、）否定する、（このような状態の）相互否定関係というものがなければならない。しかし（状態の）単なる相互否定関係だけでは働く（作用する）ということはいわれない。（状態の）相互否定が即（状態の）相互肯定ということでなければならない。二者共に何処までも独自性を有し、相互に相対立し、相互に（相手の状態を）相否定することが、相互に相結合し、一つの形（システム）を形作ることであり、逆に相互に相関係する、相結合し、一つの形（システム）を形作るということその事が、何処までも相互に相対立し、（相互に相手の状態を）相否定するということでなければならない、即ち物が各自に独自的となる、物が物自身となるということでなければならない。此の如き方式によって、我々は物と物との相働く世界（相互作用しあう世界）、物質的世界というものを考えているのである。そこにも既に私のいわゆる矛盾的自己同一の論理があるといわざるを得ない。（302:5-15）

太陽は、軌道の切線方向に飛び去ろうとする地球の運動状態を、万有引力によって否定し、自己を一焦点とする安定した楕円軌道に乗せる。即ち、そういう形で地球の運動状態を肯定する。言い換えれば、太陽は、地球の運動状態を、否定することによって肯定するのである。ここにおいては、「否定即肯定」なのである。そして勿論、同じことが、地球のほうからも言える。これは、二重の意味で、否定と肯定の盾矛的自己同一なのである。

II　井筒俊彦の論文「意識と本質」を読む

――「西田哲学」を継ぐ者を求めて

「西田哲学」を内的に継ぐ者は誰か。外的に継ぐ者の名前は、「四天王」などとして挙がっている人もいる。しかし、エピゴーネンとしてではなく、真に内的に継ぐ者は誰か。これは、難しい問題である。そもそも、哲学において真に内的に継ぐ者など、必要なのであろうか。おそらく、そのような者など、哲学史の著者は別にして、本質的には必要ないであろう。真の意味で「哲学者」といえるような人には、自己の哲学の根拠に、先行の哲学者の名前を挙げる事をもってする人など、いないであろうから。もしも、自己の哲学に於いて先行者の名前を挙げるとすれば、それは、否定的継承に於いて、であろう。しかし私は、敢えてここに、外から見て、西田幾多郎の「(絶対)矛盾的自己同一」と同じ思想を自己の哲学の根柢に据えていると思われる哲学者として、井筒俊彦をとりあげ、その論文

「意識と本質」の核心部分を読んでみようと思う。そして、そうする事によって、「矛盾的自己同一」という思想についての理解を一段と深めたい。テキストとしては、『意識と本質』（岩波文庫、1983）所載のものを用いる。この論文は、『井筒俊彦著作集』（中央公論社）にも、また慶應義塾大学出版会から出されている『井筒俊彦全集』にも、収められている。そして、それとの関係で、プロティノスが自然と現れてくる。

以下において私は、ウィトゲンシュタインのいわゆる〈アヒル／ウサギ〉なるものの話を、ものは見る視点によって全く違って見える、即ち、ものの見え方は見る視点に対して「相対的」である、という事の範例として意識しながら、井筒の言うところを読んでゆこうと思う。そうすれば、さしもの難解な道元禅師の『正法眼蔵』の「山水経」も、そしてまた、他の多くの禅の難解な言葉も、――例えば、有名な清原惟信の述懐も――読み解くことができるのではないか。実はこれも、本稿のもう一つの眼目なのである。

参考：井筒俊彦（一九一四―一九九三）は、語学の大天才にしてイスラム教の聖典「コーラン」の翻訳者であり、かつ、イスラム哲学の研究者として知られている。晩年は、日本を含む東洋哲学の研究者として、多くの著作を残した。よき参考書として、若松英輔著の『井筒俊彦――叡知の哲学』（慶応義塾大学出版会、二〇一一）を挙げておく。

本論——無分節者の形而上学

1

禅は現実を、「本質」によって固定された事物のロゴス的構造体とは見ない、そう見ることにまっこうから反対する。何々であるとして認知される事物、すなわち「本質」を核とする結晶体、はことごとく我々の目の曇りのゆえに虚空に現れる幻影のごときものにすぎない。「一（ひとつの）翳（かげり）眼に在れば空華乱墜す。」（即ち、）目の中に（少しでも）かげりがあると現実にはありもしない幻の花が空から眼前にパラパラ降ってくる、と。ここに（「目のかげり」即ち）「目の曇り」というのは、後で明らかになるように、圜悟克勤のいわゆる知見語言解会、つまりコトバの意味作用に基く「本質」形成的意識の存在分節機能のことだ。（118:1-7）

2

しかし、もし花は花であるというふうに、「本質」的に固定された事物がすべて我々の妄想意識の生みだす幻影にすぎず、経験的世界全体が存在論的根拠を欠く幻影のごとき事物の偶然的集合にすぎなくて、宋（時代の）儒（者）たちの描いて見せる「理」の秩序としての世界とは、およそ似ても似つかぬものであるとするならば、はたして現実はカオス以外の何ものでもないのか。

(118:8-11)

3

たしかに禅も、経験的世界を一度は徹底的にカオス化する。一切の存在者からその「本質」を剥奪することによって、である。庭に繚乱と咲く牡丹の花を指しつつ、「(今)時の人、この一株の花を見ること夢のごとくに相似たり」とさりげなく洩らした南泉普願の言葉を憶い出す。世上一般の常識的人間が見ているこの花は、まるで夢の中で見る花のようなものだ、というのである。もともとこの言葉、肇法師の「天地と我と同根」(天地万物と我とは根底において一体である)という命題の意味がどうもぴったりとわからないといって禅師に教示を求めた御史大夫陸亘の質問にたいする答えだから、重点はむしろ、花を見る我と見られる花、主体と客体、意識と対象、の根源的一体性の問題にあるが、しかし同時に、そのように主客対峙する状況において成立する客観的対象、「花」、そのものが、本当は実在性の極度に希薄な、無にひとしい、夢の一片のようなものだと南泉は言いたいのだ。なぜ(はっきりと)知覚的に認識される(この)花が無にひとしいのかといえば、もともとありもしない花の「本質」を意識主体が妄想して、花である実体として描きだした虚像で、それがあるからにほかならない。

(118:13-119:8)

4

こうして禅は、すべての存在者から「本質」を消去し、そうすることによってすべての意識対象を無化し、全存在世界をカオス化してしまう。しかし、そこまでで禅はとどまりはしない。世界のカオス化は禅の存在体験の前半であるにすぎない。一たんカオス化しきった世界に、禅はまた再び秩序を戻す。但し、今度は前とは違った、まったく新しい形で。さまざまな事物がもう一度返ってくる。無化された花がまた花として蘇る。だが、また花としてといっても、花の「本質」を取り戻して、という意味ではない。あくまでも無「本質」的に、である。だから、新しく秩序付けられたこの世界において、すべての事物は互いに区別されつつも、しかも「本質」的に（は）固定されず、互いに透明である。「花」は「花」でありながら（「透明な花」として）「鳥」に融入し（てそこ内在し）、「鳥」は「鳥」でありながら（「透明な鳥」として）「花」に融入する（、そしてそこに内在する）。（これは）まさに華厳哲学にいわゆる事事無碍法界の風光、道元禅師の言う「（中略）鳥飛んで鳥のごとし」（「坐禅箴」）の世界（、無「本質」の世界である）。

(119:9-120:2)

5

鳥が鳥である、のではなく、鳥のごとし、という。しかもその（本質的に鳥であるのではない）「鳥のごとし」が、無限に遠く空を飛ぶ。鳥としての「本質」が措定されていないからである。この（鳥のごとしの）鳥は鳥という「本質」に縛られていない。だが、「本質」がないのに、この（鳥のごとしの）鳥は鳥として分節されている。禅の存在体験の機微に属するこの事態を、禅独特の無「本質」的存在分節と私は呼びたい。

(120:3-6)

6 元来、（この、禅独特の無「本質」的存在分節は、）通常の社会生活の場で使用される言語の意味分節――それこそ「本質」なるものの生みだされる源泉だ――を越えたところで生起する（個々人の）実存体験的事実であるからには、普通の言語的思惟によって論究することは原理的に不可能であるとわかっているが、以下あえて、この他に類を見ない無「本質」的存在分節の機構を、東洋的「本質」論の一局面として、できるところまで分析してみようと思う。

(120:7-11)

7 実際の修行道としての禅がいわゆる悟り、見性体験、を中心とすることは誰でも知っている。禅者の修行道程は、見性体験を頂点として左右にひろがる山の形に形象化されよう。この三角形の底辺は経験的世界、頂点に向かう一方の線はいわゆる向上道、頂点から経験的世界に向かう下降線はいわゆる向下道。禅者自身のあり方としては、向上道は未悟、向下道は已悟《いご》の状態、経験的世界、すなわち現象的事実の世界から出発して上に登り、頂点に達してまたもとの経験的世界に下降してくる。一見すると、この上もなく簡単な過程のようだが、実はその内的構造は常人の窺見を許さない隠秘、幽深な性格をもつ。そして本論の主題をなす「本質」は、この過程を通じて、（その各）段階ごとに、著しく変貌して現れてくるのであって、その微妙な内実を把捉することは決して容易ではない。（142:6-14）

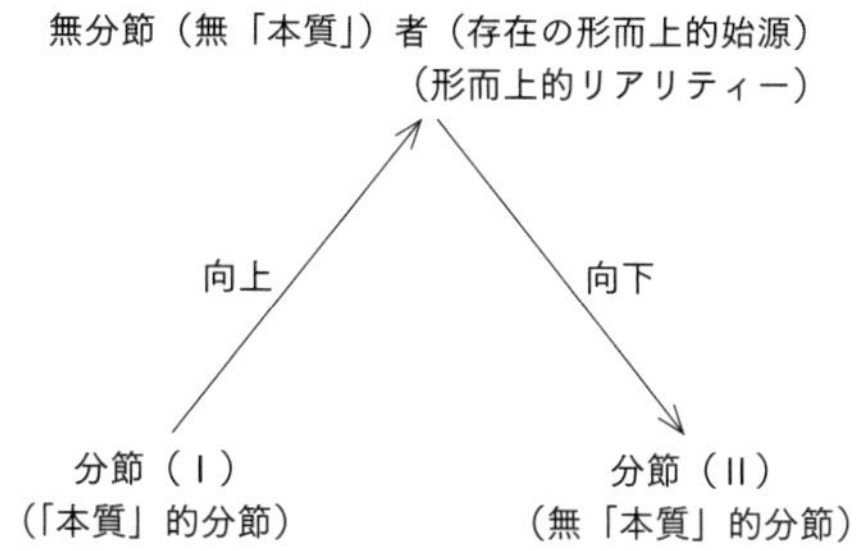

8

いま、「本質」論の見地から、禅の実在体験の全過程を理論的に把捉し分析するために、修行上さきに未悟→悟→已悟という形で措定したものを、分節（Ⅰ）→無分節→分節（Ⅱ）という形に置き換えてみよう。（図参照）（142:15-143:2）

9

三角形の頂点をなす無分節（者）は、（中略）意識・存在——（これは）意識と存在、ではない。この境位では意識と存在と

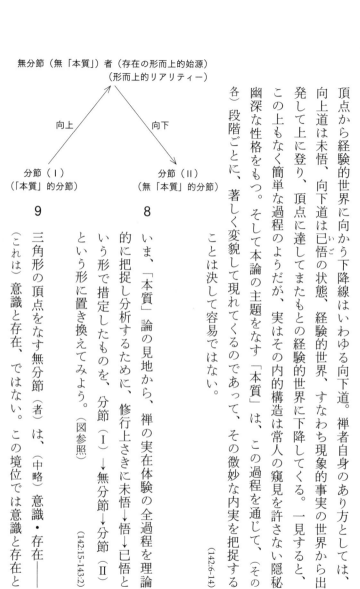

は完全に融消し合って（いて）、両者の間に区別はない——のゼロ・ポイント（分節（Ⅱ）への出発点）。意識の面から見ても、存在の面から見ても、眼に立つ塵一つない「廓然無聖」の境位である。無分節（または未分節）というかわりに、理論の立て方によっては、無展開（未展開）、未発、無限定、などと言ってもいいのだが、本稿全体を通じて私は「本質」論を一種の分節論として展開する立場を取っているので、無分節という語を使う。特に分節（Ⅱ）との連関においては、無分節は、勿論、未分節である。（したがってそれは、分節（Ⅱ）への出発点という意味で、「ゼロ・ポイント」ともいわれる。）とにかく、意識のあり方としても存在のあり方としても、これ（無分節）は我々が普通、事物相互の間や事物と自我との間に認めている一切の区別、つまり分節が、きれいさっぱり一掃された様態なのである。

(143:3-11)

10

それに対して三角形底辺の両端を占める分節（Ⅰ）・分節（Ⅱ）は、その名称自体の示すごとく、事物が相互に区別（分節）され、またそれらの事物を認知する意識が事物から区別（分節）された世界、要するに我々の日頃見慣れた、普通の経験的世界である。我々は、普通、このような実存地平において世界を了解し、また世界と関わる自己を了解する。我々自身をはじめ、我々を取り巻く全ての事物が、それぞれ己れの存在性を主張する形而下的存在世界であるという点では、分節(I)と分節(II)とはまったく同じ一つの世界であって、表面的には両者の間に何の違いもないように見える。が、無分節という形而上的「無」の一点を経ているかいないかによって、分節(I)と分節(II)とは根本的にその内的様相を異にする。なぜなら、ともに等しく分節ではあっても、「本質」論的に見て、分節(I)は有「本質」的分節であり、これに反して分節(II)は無「本質」的分節であるから。

(143:12-144:4)

11

だからこそ、道元禅師のいわゆる「而今の(この今の)山水」(分節II)は、我々が経験的世界で見知っている山水(分節I)と同じであって同じでないのだ。「而今の山水」は、と道元は言う、「ともに法位(存在の位)に住して」、つまり山は山という一定の存在的位置を占めて、たしかに山であり、川は川というそれとは別の存在的位置を占めて川であり、それぞれに分節されていながら、しかも各々が存在の形而上的始源(無分節)(の全体)の直接無媒介的発現として、いまここに現成しつつ、経験的世界の只中で、「尽十方世界」的な(世界的な)全存在的機能、(即ち)「究尽の(限りなく大きな)功徳(働き)」を、それぞれの形で発揮しているという点において、常識の見る山水とはまるで違った山水である。

(144:5-12)

12 いま目前に聳え立つ山、いま目の前を流れ行く川が、なぜそのような「究尽の（限りなく大きな）功徳（働き）」、すなわち（形而上的始源の）全体露現的な働き、を示すのか。「空劫已前の消息なるがゆえに」、「朕兆未萌の自己なるがゆえに」そういうことが起こるのだ、と道元は答える。本論の述語を使って言いなおすなら、存在的にも意識的にも絶対無分節である形而上的リアリティーそのものの全体を挙げての自己顕現で、この山やこの川は、あるゆえに、「而今の山水」は、現にそれぞれ山と川として分節されているにもかかわらず、山であること、川であることから超出して（すなわち、それぞれの「本質」に繋縛されることなしに）自由自在に働いているのだ、ということになろう。つまり、分節（Ⅰ）の次元における山水が有「本質」的に分節された山と川であるのに反して、分節（Ⅱ）の次元に現成する山水は無「本質」的に分節された山と川なのである。

(144:13-145:4)

13 同じ存在分節でありながら、分節（Ⅰ）と分節（Ⅱ）との間にどれほどの違いがあるかということは、この「而今の山水」の一例からだけでもおよその察しはつくけれど、それにしても分節（Ⅱ）の事態を正確に把握し分析することはむずかしい。ここで再び最初の簡単な構造モデル「分節（Ⅰ）→無分節→分節（Ⅱ）」に戻って、あらためてそこから出なおし、その全体構造に照らして無「本質」的分節の実態を探ってみることにしよう。（145:5-9）

14 中国と日本を通じて、傑出した禅師たちの現在に伝わるおびただしい言葉の中で、「分節（Ⅰ）→無分節→分節（Ⅱ）」の全体構造を的確かつ明快に提示したものといえば、青原惟信の「見山（水）是山（水）」→「見山（水）不是山（水）」→「見山（水）祇（ただ）是山（水）」にまさるものを私は知らない。（145:10-13）

15 吉州青原惟信禅師のこの述懐、あまりにも世に有名でいまさら引用するまでもないが、論を進める便宜上、敢えてここに掲げて、無「本質」的分節の分析の手がかりとする。曰く、

> 老僧、三十年前、未だ参禅せざる時、山を見るに是れ山、水を見るに是れ水なりき。後来親しく知識に見えて箇の入処有るに至るに及んで（すぐれた師にめぐり遇い、その指導の下に修行して、いささか悟るところあって）、山を見るに是れ山にあらず、

水を見るに是れ水にあらず。而今、箇の休歇の処を得て（いよいよ悟りが深まり、安心の境位に落ちつくことのできた今では）依前（また一番最初の頃と同じく）、山を見るに祇《た》だこれ山、水を見るに祇《た》だ是れ水なり（『続伝燈』二二、『五燈会元』一七）。

(145:14-146:5)

16

骨身を削る長い修行の年月を経て、ついに「箇の休歇の処を得」て豊熟しきった青原惟信が禅者としての己れの生涯を回顧して、これを三つの段階に分ける。第一段は禅の道に入る以前の時期。当然、彼は普通の人の普通の目で、自己の外なる世界を眺めている。山は山であり、川は川。世界は有「本質」的にきっぱり分節されている。同一律（「AはAである」）と矛盾律（「AはAでないのではない」）によって厳しく支配された世界。ここでは、山はどこまでも山であって川ではない。川ではありえない。山は山の「本質」によって規定され、川はまた川の「本質」によって規定されているからだ。

(146:6-11)

17

ところが、参禅して、一応見性し、ある程度の悟りの目を開いて見ると、世界が一挙に変貌する。第一段階であれほど強力だった同一律と矛盾律が効力を失って、山は山でなく、川は川でなくなってしまうのだ。山も川も、あらゆる事物が、「本質」という留金を失う。それまで、いわゆる客観的世界をぎっしり隙間なく埋めつくしていた事物、すなわち「本質」結晶体が融けて流れだす。存在世界の表面に縦横無尽に引きめぐらされていた分節線が拭き消される。もはや山は山であるという結晶点をもっていない。つまり、山はもう山ではないし、川はもう川ではないのだ。そして、そんな山や川を客体として自分の外に見る主体、我、もそこにはない。すべてが無「本質」、したがって無分節、もっと簡単に言えば、「無」なのである。これが青原惟信の説く第二段階。

(146:12-147:3)

18

第三段階は再び「有」の世界。第二段階で一たん無化された事物がまた有化されて現れてくる。第一段階の世界と一見少しも違わぬ事物の世界が目の前に拡がる。山を見れば、それは以前と同じく山であり、川を見れば、相も変わらぬ川。要するに、「休歇の処を得た」達道の人の目に映るのは、第一段と同じく分節された存在の姿、分節的世界なのである。だが、第一段の分節世界と第三段の分節世界との間には一つの決定的な違いがある。

(147:7-11)

19

既に見たように、第一段階でそれぞれに「本質」を与えられ、整然と分節されていた様々な事物は、第二段階で「本質」を奪われ、分節を失う。第二段階から第三段階への移りにおいて、それらの分節は全部また戻ってくる。しかし、分節は戻るが、「本質」は戻ってこない。存在分節があるからには、もはや無一物の世界ではない。山は山として存在し、川は川として存在する。山もあれば川もある。だが、それらの山や川には「本質」がない。言い換えれば、それらの山や川は「本質」的凝固性をもたない山であり川であるのだ。そして、まさしくこのような山水を指して、道元は「而今の山水」と言ったのだった。

(147:12-148:1)

20

「山は山である」→「山は山ではない」→「山は山である」(分節I→無分節→分節II)。禅哲学の中心をなす——と私の考える——無「本質」的分節なるものが、この全体構造の中のどの部分に位置付けられるかは、以上略述したところによって明らかになったと思う。すなわち、無「本質」的分節とは、さきに掲げた構造モデルによって言えば、頂点の無分節から底辺右端の分節(II)に至る下降過程に生起する事態なのである。それの現成する場は経験的世界、現成の源泉は無分節、そして源泉から現成点への出発は間髪を容れぬ電光石火のひらめき。実際にそこでいかなることが起こるのか、

以下の論述はそれの哲学的分析である。(148:2-8)

21

経験的世界のあらゆる存在者が本来、無「本質」なのだと思い定めることが、禅者の向上道への第一歩である。事物の無「本質」性を『般若経』『中論』以来の大乗仏教の術語では「空」と呼ぶ。仏教で「本質」に該当する語は「自性《じしょう》」(サンスクリットsvabhāva)であるので、無「本質」性の意味での「空」を「無自性」ともいう。(153:3-6)

22

諸法——経験的世界において表層意識の対象となる一切事物——の実相は「空」であり、その空性は、理論的には、一応、因縁所生ということで説明される。(これは)原始仏教の縁起哲学につながる非常に歴史の長い考え方である。山は山の「本質」(自性)があって山というものとして実在するのではない。ただ限りなく錯綜する因と縁との結び合いによって、今ここにXが、たまたま山として現象しているだけだ、という。山であるXが実在するわけではない。従ってまた山であるXが川であるYと明確に区別されるのも、結局は「妄想分別」にすぎない。XとYとが別のものとして区別されるのは妄想分別であるとするならば、妄想を取り払ってしまいさえすれば、たちどころにXとYとの区別はなくなる。少なくとも、なくなるはずだ。そしてXとYだけでなく、一切の存在者について、そこに働く我々の意識の妄想分別的、すなわち分節的機能を停止してしまえば、すべては、法蔵の言葉にもあったように、「唯だ一真如」（「唯だ一つの真実」）に帰してしまうのである。

（153:7-154:1）

23

コトバは、元来、意味的側面においては、存在分節をその第一義的機能とするものであって、この点だけは分節（I）でも分節（II）でも変わらない。しかし、（中略）分節（I）は有「本質」的分節。ここでは、分節とはいろいろ違う事物を「本質」的に分別することである。「本質」によって金縛りにされて動きのとれない事物は、他の侵入を絶対に許さない。他の一切を拒否し、排除することによってのみ、それらの事物は自らを主張する。「本質」は事物を固定し、結晶させるものだ。この事態を、存在者の存在不透明性という言葉で、私は言い表そうとする。

（164:6-12）

24

これに反して分節（II）の次元では、あらゆる存在者が互いに透明である。ここでは、花が花でありながら――あるいは、花として現象しながら――しかも、花であるのではなくて、前にも言ったように、花のごとし（道元）である。「……のごとし」とは

25

「本質」によって固定されていないということだ。この花は存在的に透明な花であり、他の一切にたいして自らを開いた花である。分節（Ⅰ）の次元では、花は一つ、それ自体で独立した、閉じられた単体だった。花はすべての他のものにたいして固く自らを閉じていた。だが「本質」のない分節（Ⅱ）の世界に移される時、花は、頑なな自己閉鎖を解き、身を開く。（花は、花びらを翼として空に飛び立つ、かもしれない。）

（164:13-165:2）

分節（Ⅱ）の次元の現成する事物のこの徹底した存在的透明性と開放性（もはや花びらは消え、今やそれは、それと関係なく、翼である、ということ）が、ひとえに分節（Ⅱ）の無「本質」性によるものであることは、既に論じたところによって明らかになったと思う。（「可能世界」を否定し、）「本質」で固めてしまわない限り、分節はものを凝結させないのである。内部に凝結点をもたないものは四方八方に向かって己を開いて流動する。すべてが、黄檗のいわゆる「粘綴無き一道の清流」（どこにも粘りつくところのない、さらっとした一道の清流）となって流れる。「粘綴なき」この存在分節の流れは、ものとものとを融合させる。華厳哲学では無「本質」的に分節された事物のこの存在融合を「事々無碍」という。黄檗はそれを「虚空」と呼ぶ。分節即無分節の意である。（分節

（II）の次元においては、事物の間には、確かに分節は有るが、しかし同時に、存在的透明性と開放性があるのであって、その意味では、事物の間には、分節は無い。）

(166:1-8)

26

（「無分節者」の意味における）「無」には、「有」すなわち存在の限りない創造的エネルギーが瀰漫している。より一般的な宗教的用語法では、屢々生命（宇宙的生命、神的生命）とか光（神的光）などと呼ばれるこの存在エネルギーが、そっくりそのまま「無」から発散してものを現出させる、その有様を分節（II）的意識は覚知する。すなわち、この次元の現成する意識にとっては、いわゆる現象界、経験的世界のあらゆる事物の一つ一つが、それぞれ無分節者の全体を挙げての自己分節なのである。「無」の全体がそのまま花となり鳥となる。（花の無分節者、鳥の無分節者、なるものがあるのではない。無分節者は、世界に一つ。哲学者は、それを「一者」と呼ぶかもしれない。そして仏教者は、それを「仏」と呼ぶであろう。）

(170:1-7)

27

いま仮に全体として覚知された「無」、すなわち無分節（なる存在）、を一つの空円をもって表すとすると、その空円に充満する全エネルギーが分節の平面上においてa（花）となり、またb（鳥）となって現成する、という形で分節（II）の構造を表象することができよう。現実にaであり、bである限りにおいては、aとbとはたしかに分節（されているの）だが、この分節は、分節（I）の場合（とは違って、一つのものの自己限定なのである。）

(170:8-16)

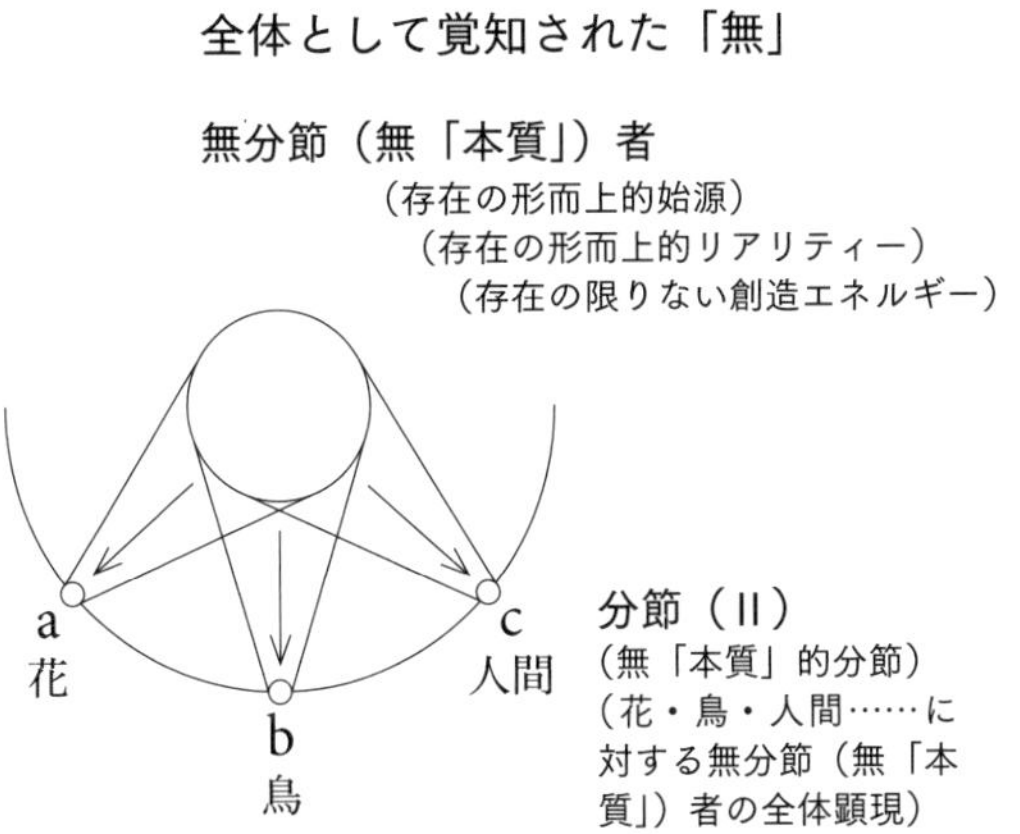

以下において私は、この「一つのもの」を「仏」として論じてゆく。おそらくこれは、井筒の意に沿うものである、と思う。そして私はここに、西田の「矛盾的自己同一」と同じ構造を見る。即ち、井筒は、「禅は現実を、「本質」によって固定された事物のロゴス的構造体とは見ない」という「無自性・空」の禅思想から出発して、この世は根源的に矛盾的自己同一である、という帰結に到達したのである。

（図参照）

28 以上のようなわけで、分節（II）の存在次元では、あらゆる分節（個々のもの）の一つ一つが、そのどれを取って見ても、必ずそれぞれに無分節者（仏）の全体顕現なのであって、部分的、局所的顕現ではない。（仏の）全体顕現だから、分節であるにもかかわらず、そのまま直ちに無分節なのである。「目に触るるもの（個々のもの）皆な真なり。仏と衆生と不別（別ならず。）」とか、「蓋天蓋地（天地いたるところで）、触処に渠《かれ》（あのもの、すなわち無分節者、仏）に逢う。古に亙り今に亙って、全く正体を彰わす（いつでも、どこでも、いかなるものにおいても、渠（仏）は己の全体を挙げて現れている）」（圜悟克勤『語録』）などといわれる所以である。（172:9-14）

万物は、渠（かれ、無分節者、即ち、仏）の絶対的顕現（現成）なのである、大は宇宙そのものから、小は大便・小便・爪の垢にいたるまで、仏の現れなのである。極悪非道なる者も、実は、仏の現れなのである。「善人なおもて往生をとぐ、いわんや悪人をや」（親鸞「悪人正機」）なのである。私はここに、〈アヒル／ウサギ〉と同じ構造を見る。すなわち、図〈アヒル／ウサギ〉は、図〈アヒル〉としても図〈ウサギ〉としても現れる「矛盾的自己同一者」であるように、仏は、善人としても悪人としても現れる「矛盾的自己同一者」なのである。そこで私は、西田の最後の完成論文「場所的論理と宗教的世界観」（『西田幾多郎哲学論集Ⅲ』岩波文庫、一九八九）から、再び、次の印象的な一文を引きたい。

29

絶対の神は自己自身の中に絶対の否定（罪びと）を含む神でなければならない、極悪（な罪びと）にまで下がり（そこの内在し）得る神でなければならない。（そして）極悪無道（な罪びと）を救う神にして、真に絶対の神であるのである。最高の形相は、最低の質料を形相化するものでなければならない。絶対のアガペ（神の愛）は、絶対の悪人にまで及ばなければならない。神は（神から）逆対応的に極悪の人の心にも潜むのである。単に裁く神は、絶対の神ではない。

（335:4-8）

また、すべてのものがそれぞれ無分節者（仏）の全体そのままの顕現であるゆえに、分節された一々のものが、他の一切のものを内に含む。花は花であるだけではなくて、己の内的存在構造そのものの中に鳥（や、その他の一切の分節）を含んでいる。鳥は鳥であるだけではなくて、内に花をも含んでいる。すべてのものがすべてのものをふくんでいる。（中略）道元の語るごとく、老梅樹の一枝にただ一輪の花開いて天下は春爛漫。まさに「老梅樹の忽（然として）開花のとき、花開（いて）世界起（る）なり」（『正法眼蔵』五三、梅花）である。

（172:15-173:9）

善人の中には悪人がおり、悪人の中には善人がいるのである。

30 以上のように考えてくると、無「本質」的分節は、本来、自由分節であるということがわかる。花が無「本質」の花として分節され、鳥が無「本質」の鳥として分節される。「本質」をもたぬ花は、花であることを強要されないし、無「本質」の鳥は、鳥でなければならぬということはない。凝固点のない存在は流動する。どこにも遮るもののない世界で、事物は浸透し合う。それは、花が鳥に浸透し、花が鳥であり、他のすべてのものであり、そして「無」である世界。分節は、現実の事態としてたしかに実在することはするが、この世界に事物を現出させる存在分節には、常識では考えられないような自由さがある。しばらく道元禅師の説くところに従って、この自由分節の事実を追求してみよう。

(173:10-174:1)

31 『正法眼蔵』第二九、「山水経」の中で、道元は無「本質」的分節――勿論、彼が「本質」とか「分節」とかいう語を実際に使っているわけではない――の自由性を、彼独特の尖鋭な論理で考究している。「山水経」を通じての道元の主題とするところは、本有「本質」的分節のために枯渇している存在を、無「本質」的分節の次元に移し、本来の生々躍動する姿に戻そうとすることにある。「本質」の束縛を離れた存在のこの生々躍動、流動性、の端的な表現を道元は芙蓉道楷の「青山常運歩」と雲門文偃の「東山水上行」に見る。山が歩き、山が流れると聞いて人々は驚く。山は不動。流れるのは水ではないのか、と。有「本質」的に分節して、山や水を見るからそういうことになるのだ。

(174:1-9)

32

有「本質」的に分節された水は、その「本質」(として妄念されたもの)の規定する基本的性質(属性)によってがっしり固められ、狭く限定されたものとなる。水は、本来は——すなわち、分節(Ⅱ)の次元では——自由無礙なのだが、分節(Ⅰ)では「本質」がその自由さを水から奪い去る。そして本来の自由を奪われた水は、例えば、常に低きに向かって流れるという「本質」的性質を示すのである。

(174:10-14)

33

道元の言葉、「しるべし、解脱にして繫縛なしといへども、諸法住位せり」。これは分節(Ⅱ)における諸物の本源的な存在の仕方を言い表したものだ。諸法住位、つまり、水は水の存在的位置を占め、山は山の存在的位置を占めて、それぞれ完全に分離されてはいるが、しかしこの水とこの山とは「解脱」した(無「本質」的)水と山であって、

「本質」に由来する一切の繫縛から脱している。つまり分節・即・無分節である。
(174:15-175:2)

34 ところが、と道元は続ける、これが分節（I）の山水となると、勿論、やはり山は山、水は水だが、そこには「本質」の繫縛が現れてくる。例えば、水は「本質」上、流れるものである、というふうに。「しかあるに、人間の水をみるに、流注してとどまらざるとみる一途あり。」
(175:3-5)

35 「本質」的にただ低所に向かって流れるだけ、と見るのは、分節（I）の次元においてすら、水の全貌とは程遠い、片寄った見方にすぎない。有「本質」的に分節された水（分節Iの次元で成立する水）でも、あるいは地中を流通し、あるいは空を流通し、また上に流れ、下に流れ、川となり、深い淵となり、天に昇っては雲となり、下っては流れを止めてよどみもする。
(175:6-9)

36 だが、人が分節（I）の境位にとどまっている限り、このような性質や働きをどれほど積み重ねてみても、水それ自体、水の真のリアリティーはつかめない。水の真のリアリティー、「本水」は分節（Ⅱ）の次元ではじめて現成するものだからである。

(175:10-12)

37

分節（Ⅱ）の次元では、水は、（中略）窮極的には無分節者（仏）そのものである。無分節者（非水）が全体的に、すなわちその全エネルギーを挙げて、自己を水として分節する。無分節者（仏）がそっくりそのまま、「本質」を介入させずに顕露するのだから、全存在がいわば水で（あり、仏で）ある。全宇宙、すなわち水（であり、仏である）。ここでは水は、「水」という語が有「本質」的に指示するような一つの特殊な物質的「元素」ではない。つまり存在界の一部に、数ある事物の中の一つとして、局所的に限定された水ではない。無分節者の直接無媒介的顕現としての水は、どこにでも、いかなるものの中にも、ある。火の中にもある。思惟の中にもある。仏性のなかにすらある。（この水は、言わば、存在の根源としての水である。この水は、言わば、タレスのいわゆる「アルケー」としての水である。）

(175:13-176:2)

38

「水のいたらざるところあるといふは、小乗声聞教なり。あるひは外道の邪教なり。（アルケーとしての）水（仏）は火焔裏にもいたるなり。心念思慮分別裏にもいたるなり。

覚知仏性裏（仏性を覚知する事）にもいたるなり。」「一切衆生、悉有仏性」という根本命題の、これが存在論的意味である。ただ一滴の水の中にも無量の仏国土が現成する、とも言われる。

（176:3-6）

昔、ギリシア哲学の始祖タレスは、万物の根源（アルケー）は「水」である、と言ったという。我が道元は『正法眼蔵』で、「悉有仏性」と言った。そして、井筒俊彦は、その無「本質」論において、存在の窮極者として、無分節者（無「本質」者）を立てるのである。井筒の「無分節者」は、タレスの「水」、道元の「仏」、に当たるのではないか。更には、プロティノスの「一者」に当たるのではないか。ところで、道元は「悉有仏性」を「悉有は仏性なり」と読んだ。「万物は仏性である」というのである。そしてこれは、「万物には仏がいたっている」という事ではないのか。これが、「仏が現成する」という事の意味である、と思う。

39 だが、実は、ここまで言ってもまだたりない。本当は、水の中に仏国土があるのでもない、仏土の中に水があるのでもない。水、すなわち仏土なのである。「しかあれば、仏土のなかに水あるにあらず。水裏に仏土あるにあらず、水の所在すでに三際にかかはれず（水の所在は、はじめから過去、現在、未来の別を超越し）、法界にかかはれず（どの特定の世界にも関わりない）。しかもかくのごとくなりといへども、水現成の公按なり（しかしそれでも、水は水として現成する、それが存在の究極的真実なのである）。」従ってまた、「仏祖のいたるところには、水かならずいたる。水いたるところ、仏祖かならず現成するなり」ということに、当然、なる。存在と意識のこの次元では、水がある（という）ことはすなわち、仏、絶対無分節者、の直接の自己分節にほかならないのだから。

(176:7-15)

40 この「水現成の公案」に看取される「無分節→分節（II）」の真相を、より明確にするために、人間の見方だけに固執することをやめて、もっと広く大きな立場から、分節ということをもう一度見直してみるようにと道元は我々に勧める。そうすると「一切諸法、畢竟解脱」（本論の用語法に従って言い換えると、「一切分節、畢竟、無分節」）ということの意味がわかってくる。

(176:16-177:3)

41 例えば深海に棲む竜や魚は、人間にとって水であるものを、宮殿、楼閣と見ているかも知れない。つまり我々が水として分節するものを、竜や魚は宮殿として分節する。

地上の宮殿を流れるものとは人間は思ってはいない——だからこそ、雲門に「山が流れる」などと突然言われると、普通の人はびっくりするのだ——そのように、（深海に棲む）竜や魚は、彼らの（水の）宮殿が流れるとは思うまい。（177:4-8）

42

天人たちは水を瓔珞（宝石の首飾り）と見る、と経典に書かれている。天人たちにとって瓔珞であるものを、我々人間は水と見るのである。水を美しい花と見る天人もあるという。その同じ水を、餓鬼は猛火と見、濃血とみる。この調子でいけば、水を樹林とし、土塀として分節するものがあっても、なんの不思議もなさそうだ。（177:9-12）

43

ここで道元が強調していることを、哲学的に要約すれば、ほぼ次のようなことになろう。無分節者（道元の「仏」、タレスの「水」、プロティノスの「一者」）が不断に自己分節していく、その分節の仕方は限りなく自由。我々人間が、人間特有の感覚器官の構造と、コトバの文化的制約性とに束縛されながら行う存在分節は、無限に可能な分節様式（可能世界）の中の一つであるにすぎない。それがいかに狭隘な、一方向的なものであるかは、いま仮に天人の目になり、魚の目になって、我々が通常、水ときめこんで疑いもしないでいるものを、天人や魚の視点から新しく分節し直して見ればすぐわかる、

（177:13-178:2）

と。

44

だが、道元の存在分節論はなお続いて、ついに究極の一点にまで我々を導いていく。「人見」、すなわち人間だけに特有の視点、を離れ、天人や竜魚や餓鬼たちの視点まで含めた高次の視点に現れてくる「随類の諸見不同」なるところをも超えて、さらに「水、水を見る」ところに跳出しなければならない、と道元はいう。人が、天人が、あるいは魚が見る水ではなくて、水が見る水。

「しばらく十方の水を十方にして著眼看すべき時節を参学すべし。人天の水をみるときのみの参学にあらず。水の水をみる参学あり。水の水を修証するゆえに、水の水を道著する参究あり。」（十方世界の水を十方世界そのままの視点から見る（特定の視点に制約されない）絶対無制約的な立場というものを学ばなくてはいけない。これは、人間や天人たちが、それぞれの立場から水を見る見方を学ぶこととは違う。水が水を見る見方を学ぶのである。水が親しく水を悟る（自覚する）のだから、水が水を語り明かすことになるのだ。）

「水、水を見る」。ここに分節（Ⅱ）はその幽玄な深みを露わにする。本来、分節なるもの（中略）、コトバの意味作用と密接不離の関係にある（中略）が、「水、水を見る」の境位は、人間の言語的主体性の域を超えている。そこに水を見る人間がいないから、「人、水を見る」のではなくて、「水、水を見る」のだ。すなわち、人間がXを見て「水」という語を発し（あるいは、頭に浮かべ）、水として分節されたXに水というものを見る、のではない。水が水そのもののコトバで自らを水と言う（「道著」する）のだ。水のこの自己分節（自覚）を「水、水を見る」という。水そのもののコトバで、とは無分節者自身のなまのコトバで、ということ。水が水自身を（種々の立場を越えて）無制約的に分節する、それが水の現成である。だから、分節された水は明々歴々として現成するけれど、これに「本質」を与え、水を「本質」的に固定するような言語主体はここにはない。しかしながら、水が水自身を水にまで分節するということは、結局、分節しないのと同じである。分節しながら分節しない、それこそ無「本質」的存在分節の真面目でなければならない。

(178:3-179:8)

プロティノスによれば、「見る」とは、見る対象に合一する事である。したがって、「水、水を見る」とは、水が己自身に合一する事である。では、「水が己自身に合一する」とはどういう事か。それは、水が、無心になって、水自身であることであろう。これは結局、無心になって、水本来の「働き」をすることではないのか。そうであるとすれば、〈水〉こそ、その意味では、我々にとって「人生の師」であることになる。

結語――矛盾的自己同一は形而上学の必然の論理

以上を振り返ると、一つの事に気付く。それは、存在の形而上的始源としての「無」――井筒俊彦の言うところの無分節者・無「本質」者、即ち、仏教的には「仏」、哲学的には、タレスの「水」、ないしは、プロティノスの「一者」、など――は、みな西田幾多郎のいわゆる「矛盾的自己同一者」である、ということである。西田のこの「論理」こそ、古今東西を問わず、形而上学に必然の論理なのではなかろうか。ここに私は、「西田哲学」の偉大さを感じる。プロティノスについては、井筒俊彦著の『神秘哲学――ギリシアの部』を参照して頂きたい。

最後に、「場所的論理と宗教的世界観」(『西田幾多郎哲学論集Ⅲ』岩波文庫)から、西田幾多郎の遺言のような一文を引いておきたい。

「私のいう所は、万有神教的（「すべては神である」的）ではなくして、むしろ、万有在神論的 Panentheisums（「すべては神に於いてある」的）ともいうべきであろう。」
(329:10-11)

このことは、先の「27」の図を参考にしてお考えくだされば、ご理解頂けると思う。其処に於いては、全ては、本来、神に於いてある、という事が示されている、と思うからである。そしてこの事は、「西田哲学」と「井筒哲学」が、如何に内的に共鳴しているかを示していると思う。

追記――西田幾多郎と井筒俊彦

この結語を書いたあと、私には、一つ気になる事があった。それは、この結語で引いた一文が含まれている西田の論文「場所的論理と宗教的世界観」は、一九四六年に出版されているのだが、その三年後に出版された井筒の哲学上の処女作『神秘哲学――ギリシアの部』（光の書房）には、その同じ論点について、違う結論に達していると思われる所があるからである。それは、井筒自身の意見としてではなく、井筒を通して立ち現われたプロティノスの意見としてではあるが、しかし何れにせよこれは、決着をつけなくてはならない問題である。そこで、とにかく、井筒の言う所を見てみよう。

1　全存在界の「原因」として一切万有を生み出し、全存在界の「基体」として一切万有を（自己の）存在の裡に保つところの一者自身は、それらの一切の存在者を無限に超越せる「存在（者）の彼方」でなければならない。万物の窮極的根源たるものは、万物の総和でもなく、また万物の中に含まれる何物かでもあり得ない。すなわちこの意味において一者は絶対に存在（者）ではない。しかしながら一者のこの超越性は決して内在性を排除する一方的な超越性ではなくして、寧ろ絶対矛盾的に内在性を含んだ動的超越性である。つまり宗教的に言えば、一者は無限に遠くして且つ無限に近き神、後にアウグスティヌスをして《Idem est summum quod intimum. Tu autem eras interior intimo meo et superior summon meo》と歎ぜしめるところのかの生ける矛盾の神なのである。ただ一方的に宇宙を無限に超越するだけの神であるならば、それは一切万有には何の関係もなき無（ニヒル）であって、万有の創造者ではなく、神ですらないであろう。（それは、）万有を無限に超越すると同時に、「我が秘めたる心の内より更に内」なる内在者なればこそ一切を生み一切を存在の裡に保つことができるのである。これは宗教的体験知の端的であって、ここではもはやこの思想が汎神論であるか否かというような「貼紙」式分類は意味をなさぬ。この神的内在論について、それがPantheismusか或いはPanentheismusかを議論する必要もない。プロティノス自身の一者観の肯定的側面、即ち内在論的側面においては、神が万有に内在するのではなく、明らかに万有が神に包有され、神の裡に内在するのである。（「一者以外の全てのものは何処にあるのか？一者の裡にあるのだ。蓋し一者は他の全てのものから離遠してはいない、がさればといって自ら其等のものの裡に在るのでもない。一者を包有する者は何もないが、一者は万有を包有している」（V, 5, 9, 528））。しかしながら同時に、「到るところに現在（パレスティ）し」あらゆるものと共にあり「如何なるものに対しても外にない」ところの一者は、或る意味においては明らかに万有に内在する内在神である。恰も我々が、我々自身の内部にある最上の部分を我々に内在すると共に我々を超越するものと見做すように（III, 5, 3）、「一者は超越的に離在しながら而も現在する」（esti gar kai pareinai khoris on—VI, 4, 11, 654）と考えられる。否、むしろ一切者を絶対的に超越して居るからこそ一者は一切者の裡に絶対的に内在して居るのではないか。一者は飽くまで独立自全に（他に依らず己を全うして）自己自身の裡に留まるが故に、留まることによって一切者の裡に現在する（VI, 5, 10）。自己自身の裡にあり、自己自身であり切ることが、すなわち一切者の裡に自己を露現せしめる所以なのである。一者は何物でもないことによってあらゆるものであり、何処にもないことによって至る処にある。プロティノスはこの事を、「一者は一切者であるが而も何者でもない」（to hen panta kai oude hen—V, 2, 1, 493）「到ところにありながら、而もまた如何なるところにもない」（ou monon pantakhou, all ou pros touto-i kai oudamou—III, 9, 3, 358. cf. V, 5, 8-9-10）という超越即内在的矛盾の形式で表現せんとしている。従って一者が万有の内にあるか外にあるかを問うことが既に間違っていたのである。一者は万有の内でもなければ外でもない。しかしながら若し敢えて内というならば、内よりも更に内なる内、若し敢えて外というならば外より更に外なる外であり、一切万有の内であると共に外（VI, 8, 18）である。一者はその内在面においてあらゆるものと倶にあり、あらゆるものを充たし、一切者にくまなく遍満しているのに、殆んど全ての者はその事実を意識していない。意識しないどころか、却って一者から逃避しようとさえしているのである。

(326:1-328:8)

2

以上の如く見て来ると、プロティノス的一者の形而上学が、かの古きイオニアの「一者即一切者」の正統的伝承であり且つそれのギリシアにおける最後の完成であることが誰の目にも明らかとなるであろう。飽くまでそれ自身でありながらそれ自身にとどまらず全てでありながら全てでない、絶対超越的即絶対内在的なるこのプロティノスの一者こそ全ギリシア形而上学を通じてかわらぬ形而上学的窮極者なのである。ギリシア形而上学の主流は、最初の一線から最後の一線に至るまで常にかくの如き絶対矛盾の神体験をめぐって展開して来た。この生ける神体験のロゴス面にたいして、「同一性」を曰々し、これに「汎神論」の貼紙を附して平然としている人々には、結局ギリシア哲学は全然わからないのである。（329:2-10）

問題は、「万有神教」（「すべては（内在的な）神である」＝「汎神論」＝「神の内在論」）か、「万有在神論」（「すべては（超越的な）神に於いてある」＝「汎在神論」＝「神の超越論」）か、である。西田は後者に組みした。そして、井筒を通して立ち現われたプロティノスは、何れにも組みせず、「神の内在即超越論」を唱えた。敢えてここに、繰り返しになるが、注目したい箇所に傍線を附して、当該部分を再録する。

飽くまでそれ自身でありながらそれ自身にとどまらず全てでありながら全てでない、

絶対超越的即絶対内在的なるこのプロティノスの一者こそ全ギリシア形而上学を通じてかわらぬ形而上学的窮極者なのである。ギリシア形而上学の主流は、最初の一線から最後の一線に至るまで常にかくの如き絶対矛盾の神体験をめぐって展開して来た。この生ける神体験のロゴス（言語表現）面にたいして、（一者と一切者の）「同一性」を曰々（云々）し、これに「汎神論」の貼紙（レッテル）を附して平然としている人々には、結局ギリシア哲学は全然わからないのである。

何という厳しい指摘であろう。しかし、幸いにして西田は違う。西田は「汎神論」と「汎在神論」を区別して、「汎在神論」をとったのである。ここで私は残念に思う。西田はここで、「汎神論」もとらず、「汎在神論」もとらず、「汎神論」と「汎在神論」の矛盾的自己同一を主張すべきであったのではないか。それは丁度、かつて、「原子論」もとらず、「全体論」もとらず、「原子論」と「全体論」の矛盾的自己同一を主張したときのように、である。（Ⅰの6の註を参照。）

一体、井筒は、『神秘哲学』出版の三年前に出版された西田の「場所的論理と宗教的世界観」を読んでいたであろうか。私は、読んでいた、と推測する。その理由は二つある。

その一つは、アウグスティヌスとの関係に於いてではあるが、「宗教的に言えば、一者は「無限に遠くして且つ無限に近き神」（中略）なのである。」と言い、二つ目は、それに続けて、「ただ一方的に宇宙を無限に超越するだけの神であるならば、それは一切万有には何の関係もなき無（ニヒル）であって、万有の創造者ではなく、神ですらないであろう。」と言っているからである。この二つの論点は、私に、西田が「場所的論理と宗教的世界観」のある個所で、以下のように言っていることを思い起こさせるのである。

私は此にも大燈国師の億劫相別、而須臾不離、尽日相対、而刹那不対［億劫相別れて（何億年も相分かれて）須臾も（一瞬も）離れず、尽日（一日中）相対して刹那（一瞬）も対せず］という語を思い起こすのである。（そうではなく、）単に超越的に自己満足的なる神は真の神ではなかろう。（329:3-5）

井筒が西田をどれほど読んでいたかは、ある意味、どうでもよい。しかし、これからの哲学研究の一つの方法として、西田と井筒を対比させて読んでゆくのも面白いのではないか。本書はその一例に過ぎない。私は井筒に西田と同じ深さを感じるのである。

おわりに――後期ウィトゲンシュタインの「無本質論」

私は最後に、西田哲学には直接の関係はないものの、後期ウィトゲンシュタインの「無本質論」について、述べておきたい。これは、井筒俊彦の無「本質」論への、簡潔明瞭な先行的同意である、と思うからである。

後期ウィトゲンシュタインの新しさは、すべての哲学の問題を言語ゲーム上の「言葉の意味」の問題として考える、というところにある。彼は、後期の主著『哲学探究』において、こう言っている。

本質は文法に於いて表現される。（371）

例えば、〈想像〉の本質は「想像」という語の文法に於いて表現される、というのである。ここに、「語の文法」とは、その語の言語ゲームにおける具体的使用である。

以下の事について考察せよ：「或る対象にとって本性上必然的である事に対する言語

の中での唯一の対応物は、その対象が従うべき恣意的な規則である。恣意的な規則こそが、人が、或る対象にとって本性上必然的である事からの抽象によって、命題の形へと持ち来す事が出来る、唯一のものである。」(372)

この分かりにくい叙述は、以下のような事を述べているのである。「例えば、〈山〉にとって我々が本性上必然的であると考える事――例えば、川の水ように「流れる」事はない、という事――に対する我々の言語の中での唯一の対応物は、その対象〈山〉が従うべき、論理的には否定可能な恣意的規則――「〈山〉は流れず」――である。この非本質的な恣意的規則こそが、人が、ある対象〈山〉にとって本性上必然的であると考える事からの抽象によって、命題の形へと持ち来す事が出来る、唯一のものである。」

要するに、こうである。人間は、〈山〉は流れず、と考える。そして、「〈山〉は流れず」と言う。しかしこれは、論理的には否定可能な命題である。〈山〉が流れる、という世界は、可能世界としては、いくらでも考えることができる。これは、何を意味しているのか。それは、いくら我々が本性上必然的であると考える事であっても、実はそれは、否定可能なのであり、決して本質的ではない、という事である。一口で言えば、この世には本質は無い、のである。そしてこの「無本質論」こそ、仏教で言うところの「一切皆空」であり、井筒俊彦が論証した無「本質」論なのである。

かくして、次のように言うことができる。

或るものが如何なる種類の対象であるか、という事は、文法が語っている。(文法としての神学)(373)

〈神〉というものが如何なる種類の対象であるか、という事は、我々の「神」という語の文法が語っているのである。あるいはむしろ、こう言うべきであろう。〈神〉というものが如何なる種類の対象であるか、ということは、我々の言語ゲームにおける「神」という語の使用に、示されているのである。

［余滴２］　井筒俊彦先生との思い出

今を去ること約半世紀、一九七一年一〇月からの一年間、私はカナダの大都市モントリオールにあるマックギル大学に、そこの科学哲学の研究室の研究助手として、在籍していた。そして、丁度その時、井筒先生も、その同じマックギル大学のイスラム研究所の教授として、在籍しておられた。そして私は幸運にも、井筒先生に、いろいろと教えていただいた。その間の経緯については、私は既に別のところで書いているので、ここでは繰り返さない。（拙著『ウィトゲンシュタインと独我論』（二〇〇二、勁草書房）参照）

ところで、ある時、私がウィトゲンシュタインに興味を持っている事をご存知の井筒先生は、私に「ウィトゲンシュタインの哲学は、前期と後期で、どう違うのですか」と問われた。当時私は、ウィトゲンシュタインの哲学の全体像を掴みかねていたので、その問いには、型にはまった答以上のことは、答えることができなかった。即ち、前期は、論理的原子論であり、意味の対象説であり、語り得ぬものについては沈黙しなくてはならない沈黙の形而上学であり、……、そして後期は、言語ゲーム論であり、意味の使用説であり、文法としての神学を主張する文法の形而上学であり、……、といった具合である。しかし今ならば、更にそれに付け加えて、先に引いた『哲学探究』からの三つの文章から、ウィトゲンシュタインの「無本質」の形而上学への道筋を示すことによって、井筒先生にウィトゲンシュタインへの関心を引き起こす契機を作ることができたかも知れない、とも思うのである。

III　井筒俊彦著『神秘哲学――ギリシアの部』を読む

――「矛盾的自己同一」の先行者を求めて（1）

井筒俊彦のこの著作は、『善の研究』が西田哲学の出発点であり、且つ、西田哲学の最晩年までその影を落としていたように、井筒俊彦の哲学の出発点であり、且つ、井筒俊彦の哲学の最晩年までその影を落としていた、記念すべき著作である。私は、今ここで、この著作を批評する者ではない。私は、本書のIIにおいて、「西田哲学」を継ぐ者として、具体的に言えば、「（絶対）矛盾的自己同一」の論理的基礎を解明した者として、井筒俊彦をとり上げたが、私はここIIIにおいては、その井筒俊彦の哲学における事実上の処女作である『神秘哲学――ギリシアの部』を読むことによって、そこに西田の言うところの「矛盾的自己同一」の先行者を見ようとするものである。驚くべきことに、古代ギリシアにおいて、既に「矛盾的自己同一」という思考は、明確に確立されていたのである。テキストとしては、岩波文庫版を用いた。

本論

1

井筒俊彦著『神秘の哲学――ギリシアの部』の序文は、こう始まる。

神秘主義は、プロティノスの言う如く「ただ独りなる神の前に、人間がただ独り」立つことによってはじまる。そして「ただ独りなる神」は人間を無限に超絶するところの遠き神であると同時に、人間にとって彼自身の心の奥処よりも更に内密なる近き神である。かぎりなく遠くして而もかぎりなく近い神、(中略)――(この)神的矛盾の秘義を構成する此等両極の間に張り渡された恐るべき緊張の上に、謂わゆる人間の神秘主義的実存が成立する。故に神秘主義は一つの根源的矛盾体験である。(3:2-7)

何という恐ろしい文章であろう。如何に異彩を放っていたとはいえ、これが三〇台半ばの学究の、しかも序文によると、当時病身であったという学究の、文章であるとは。私は、井筒俊彦は、きっと既に神秘主義を理解するに十分な根源的矛盾体験をしていたのではないかと思う――否、確信する。私は、自ずと、こう言いたくなった。

確かにそうだ。神は、ただ独りである。そして我もまた、ただ独りである。我は、ただ独り、ただ独りである神の前に、裸で立つ！これが人間の実存の真実である。ここにおいて、神は、限りなく遠く、且つ、限りなく近い。これは、勿論、矛盾である。平面的な形式論理ではあり得ない事である。しかし神は、この矛盾の上に存在するのである、立体的な弁証法論理の上に存在するのである。神は、ある観点からすれば限りなく遠く、また別の観点からすれば限りなく近い。これは丁度、図〈アヒル／ウサギ〉は、ある観点からすれば〈アヒル〉であり、また別の観点からすれば〈ウサギ〉であるのと同じである。神は、「矛盾的自己同一者」なのである。なお、この「神は、限りなく遠く、且つ、限りなく近い」という論点は、西田幾多郎の最後の長編「場所的論理と宗教的世界観」においても出て来るものである。（本書のⅡの「追記」の末尾を参照。）

ギリシア哲学は、大きく、「ソクラテス以前の哲学」と「ソクラテス以後の哲学」に分けられる。前者を主導したのが、ディオニュソス神、クセノファネス、ヘラクレイトス、パルメニデスであり、後者を主導したのが、プラトン、アリストテレス、プロティノスである。そして、井筒俊彦によれば、プロティノスにおいてギリシア哲学は大成した。

2　ディオニュソス神——エクスタシスとエントゥシアスモス

紀元前六世紀における（ディオニュソス神を祭る）ディオニュソス信仰の興隆は、まさしく全ギリシア的現象であった。ここに冥闇と渾沌の「夜」の精神が、所謂アポロ的清澄の光明とならんで、ギリシア精神の本質的要素となったのである。理性と美の象徴とまで称えられるこの叡知的にして芸術的なる民族の血管中にも、かかる野生の黒き血が混流していることを人は忘れてはならないであろう。然してそれは単にギリシア民族一個の問題にはあらずして、実にヨーロッパ精神そのものに関わる精神史的事実なのである。所謂「ディオニュソスの危機」は西欧精神に襲い来った最初の一大試練であった。この危機はギリシア民族の溌剌たる創造的生命力によって見事に克服されたけれども、それはギリシア精神の上に消し難き刻印を残し、ギリシアはそれを全西欧の精神に伝えた。玲瓏明澄の美に輝く西欧精神文化の（アポロ的）彫塑的知性的諧調の底深く、囂々《ごうごう》と逆巻き流るる暗き衝迫の（ディオニュソス的）魔の声を、人は聞かないであろうか。（28:1-11）

我々は、ここに、ヨーロッパ文化における「アポロ的なるもの」と「ディオニュソス的なるもの」の二重性を見ることができる。しかしそれは、歴史的事実であって、論理的事実ではない。これに対して、さきに言ったところの、神は「限りなく遠く」且つ「限りなく近い」ということは、神の本質に関わる論理的事実であって、歴史的事実ではない。神は、本来人間に対して超越的である。これが、神は「限りなく遠い」ということの意味である。しかし、「限りなく遠い」神では、人間に関わりようがない。人間を救うことも罰することもできない。そこで可能なことは唯一つ、神と人間の間の「距離」を否定することである。これが、神は「限りなく近い」ということの意味である。そうであるとすれば、神は「限りなく遠く」且つ「限りなく近い」ということは、ヨーロッパ文化における「アポロ的なるもの」と「ディオニュソス的なるもの」の「二重性」とは、全く違う特性である、ということになる。西田はその様なことを、「（絶対）矛盾的自己同一」である、と言った。「絶対」という冠は、付けても付けなくともよい。「矛盾」に「相対矛盾」は考えられないから、である。次の引用も、「矛盾的自己同一」の理解を深めるのに役立つであろう。

3　ディオニュソス宗教のギリシアにおける隆盛は、同時に、西欧神秘主義の発端を劃するものである。無残にも引き裂かれた生肉と、滴り落つる生血の濃句も凄まじき蛮神ディオニュソスの手ずから、西欧的人間は神秘主義の洗礼を受けたのであった。この神の野蛮狂暴なる祭礼を通じて、西欧的人間は初めてエクスタシス（霊魂の肉体脱出）及びエントゥシアスモス（神の充満）と称する特殊なる（神秘的）体験を味識し、且つ、この体験において、感性的物質的世界の外に、「見えざる」（神の）真実在の世界が現存する事実を親しく認知したのであった。（28:12-29:2）

エクスタシスは、視点を変えれば、同時に、エントゥシアスモスなのである。一口で言えば、エクスタシスは、即、エントゥシアスモスなのである。これは、宗教における論理的事実である。そしてこれは、西田幾多郎の言うところの、「矛盾的自己同一」の一例である。西田幾多郎は、「場所的論理と宗教的世界観」において、この関係を「逆対応」と呼んだ。この概念は、宗教の核心をつくものである。

4

ディオニュソス神の小亜細亜的祭礼は荒々しき混迷混濁の邪乱に穢れた原始的集団神憑の一形態に過ぎなかったが、その戦慄すべき放埓と淫楽のかげに、高き意義を有する永遠の要素を包蔵していた。ディオニュソス的狂憑狂乱の表面に現れた散乱と昏沈の背後にひそむこの永遠的なるものを、ギリシア人独特の明徹厳正なる観照眼は決して見遁さなかった。かくてディオニュソス祭祀の穢悪にして糜爛せる淫猥の形式は、次第次第に断除され、原始的邪乱の塵雑は放棄され、そのかげに伏在していた久遠の要素がギリシア各地の密儀宗教に同化吸収されて、この新しき形態の下にギリシア精神の動向を創造的に決定して行くのである。

(29:3-10)

5

クセノファネス Xenophanes（前五六〇頃—四七〇頃）——神は矛盾的霊覚体

元来、宇宙的根源的「一者」の探究ということは、ミレトス学派によって始められた偉大なる精神的事業であったが、同学派においては、「一者」体験そのものの深浅は別としても、その思想的把握が極めて未熟たるを免れなかった。ピュタゴラスは超越的方向に一歩を進め、「一者」を対立的存在者の調和的統一として、静的平面的アナロギア（類比）の「一」として捉えた。然るにクセノファネスは、遥かに直接に、遥かに深く、あらゆる存在者の対立の彼岸に絶対超越として、生ける霊的実在として、「一者」を洞見していた。彼の思想の主体をなすものは、超越的・超感性的現実そのものであり、この思想の根基に伏在してこれに独脱（立）無依の風格を賦与し、深玄なる内的生命に横溢氾濫せしむるものは、自然神秘主義の本質をなすところの全一体験であった。イオニア精神の特徴ある所産ともいうべき自然神秘主義は、クセノファネス出でて、ここに最も明晰なる形態にまで晶華さるるに至ったのである。（37:15-38:9）

6

さればクセノファネスによって、感性的経験的世界と超経験的世界とが極めて尖鋭なる対立においてとらえられたことは、寧ろ当然の事に属するであろう。一方には、去来転変して一瞬も停在することなく、あらゆるものが相依相侯の（自己）否定的依他関連において危うく存在の名を保持しつつある生成の世界、他方には渾然として有無を離絶し不生不滅、湛寂として永恒不変なる自体的存在の世界――此等二つの存在界の本源的乖離対峙は、クセノファネスにおいてこの上もなく明確鮮明なる意識にもたらされたのである。（38:10-15）

7

流動して止まぬ経験界の絢爛多彩なる多者の彼方に、これと絶対的に隔絶する久遠の一者を彼はこの上もなく鮮やかに捉えていた。しかしながら彼にとって、この超感性的実在は感性的多者を絶対否定的に、超越するのでなく、むしろ絶対包摂的に超越する崇高至大の存在であった。窮極的真実在としての一者は、相対的多者界と絶対否定的に対立し、これを撥無するものではなくして、あらゆる存在者を無限に高く超越しながら而もあらゆる存在者を無限に近く、無限に温かく包みつつ、其等を生かし其等に存在性を分与するところの叡知的愛の主体でなければならなかった。換言すれば、クセノファネスの神は、「全」と一義的に対峙拮抗する純形而上的「一」ではなくして、「一」と「全」とが超越・被超越の絶対対立関係にありながら矛盾的一致において相合する「一・即・全」なのである。

(40:6-15)

8

ここにいう「一・即・全」すなわち「全一」は、「一」と「全」との絶対的矛盾的一致であって、決して両者の一義的平面的同一性の主張にあらざることが特に注意されねばならぬ。元来、「全一」とは自然神秘主義的体験の事実なのであって、この本源的体験を離れては全く意味をなさないのである。

(40:16-41:3)

ここに言う「絶対的矛盾的一致」とは、西田幾多郎の言うところの「絶対矛盾的自己同一」そのものではないのか。ここで注目すべきは、（7で言っている）「クセノファネスの神は、「全」と一義的に対峙拮抗する純形而上的「一」ではなくして、「一」と「全」とが超越・被超越の絶対対立関係にありながら矛盾的一致において相合する「一・即・全」なのである、という所である。人は、えてして、「全」から超越し、「全」と対立する「一」、「全」を支配する「一」、を「神」と考える。しかし、それは違う。「一」と「全」の「矛盾的自己同一者」こそが、「神」なのである。クセノファネスのこの自覚は、人類の哲学史上に於ける、一大事件ではなかったのか。

9　エクスタシス ekstasis（脱出）とは文字通り「外に立ち出ること」即ち、通常の状態においては肉体と固く結合し、いわば肉体の内部に幽閉され、物質性の原理に緊縛されて本来の霊性を忘逸している霊魂が、一時的に肉体を離脱し、感性的事物の塵雑を絶せる純霊的虚空に出で、かくて豁然として秘妙の霊性に覚醒することを意味する。然して、かくの如く感性的生成界の一切を離却し、質料性の纏縛を一挙に裁断しつつ「外に出」た霊魂はもはや旧き人間的自我ではあり得ない。人間的自我が自性を越え、最早いかなる意味においても自我と名付けられぬ絶対的他者の境位に棄揚（止揚）されることがエクスタシスの端的である。言い換えればエクスタシスとは人間的自我が我性に死に切ること、自我が完全に無視されること、自我が一埃も残さず湮滅することを意味する。しかし意識の主体としての自我があますところなく湮滅し去れば、その意識の内容として今まで自我の対象をなしていた感性的世界もまた自ら掃蕩されて遺影なきに至るは当然であろう。かくしてエクスタシスにおいて、人間の自然的相対意識は遺漏なく消融し、内外共に一切の差別対立を絶して蹤跡なく、ただ渾然として言慮の及ぶことなき沈黙の秘境が現証されるのである。この自我意識消滅（エクスタシス）の肯定的積極的側面をエントゥシアスモス enthousiasmos（神に充たされること）という。（42:4-43:4）

たしか「死んで生きるが禅の道」という言葉があったと記憶するが、これを、「エクスタシス」と「エントゥシアスモス」という二語を使って表現すれば、真の意味で修行を積んでエクスタシスに達すれば、そこに於いて無自性空になった我は、自我に死んで、既に仏に生きているのである、即ち、エントゥシアスモスになっているのである。したがって、エクスタシスとエントゥシアスモスは、一つの事の表裏であって、これも矛盾的自己同一の関係にあるのである。このことは、さらに次のように言われる。

10 神秘主義的体験においては、自我の無化、意識の煙滅（エクスタシス）ということは、単に今まで其処にあった物が消えて了うという純消極的活動なのではなく、実はその裏側（たるエントゥシアスモス）には、凛然たる積極性を含んでいるのである。蓋し神秘主義に限らず、一般に精神的生命の溌溂たる活動あるところ、常に小なるものの死は（同時に）大なるものの生を意味する。かくしてここに感性的生命原理としての相対的自我の死滅は、ただちに、超感性的生命原理としての絶対我の霊性原理の機縁となるのである。人間の相対意識が自他内外一切の差別を離却して厘毫も剰すところなく絶滅し尽された人間無化の極処（無自性空）において、その澄浄絶塵の霊的虚空に皓蕩として絶対意識が現われる。否、この湛寂たる虚空そのものがすなわち絶対意識なのである。この霊的虚空に充満する息づまるばかりの生命緊張の自覚がエントゥシアスモスと呼ばれるところのものにほかならぬ。「神に充たされること」とは結局一つの比喩的表現に過ぎない。しかしながら言慮を絶するこの超越的生命緊張の極限を人は、「全てが神に充たされること」という以外に、如何なる表現を以て暗示し得るであろうか。それはまさに人間が神に充たされ、あらゆるものが、宇宙そのものが、

神に充たされると言われるにふさわしき渾然一味の融即態なのである。(43:5-44:2)

エクスタシスの完成が、即ち、エントゥシアスモスの成立なのである。そして、エントゥシアスモスの成立が、即ち、エクスタシスの完成なのである。ここにおいてエクスタシスとエントゥシアスモスは、渾然と一つの融即態をなしている。両者は、一つのものの「表裏」なのである。両者は、論理的に独立ではなく、不可分に一体なのである。さきにも言った如く、「矛盾的自己同一」なのである。

11

ありとあらゆる存在者の矛盾対立を(エクスタシスにおいて)否定解消し尽くした(このエントゥシアスモスの、)絶対無の境位において、この絶対無そのものが、却って其等の否定せられた多者の全てを包摂的に肯定しつつ、照々として自己自らを意識する、それは実に(絶対有とも言われるべき)深玄微妙なる風光である。(エクスタシスとエントゥシアスモスを表裏とする)この幽邃なる超越的渾一者をクセノファネスは「一・即・全」と呼び、然して(この言わば)「全一」の絶対的自己意識を描いて「全体が視、全体が覚知し、且つ全体が聴く」と説示した。また、かかる超越的絶対的覚存なるが故に、それ(全一なる「超越的渾一者」)は「何等労するところなく、精神の覚知によって万有を支配する」と彼（クセノファネス）は主張した。（この、「絶対無にして絶対有」なる、「一・即・全」なる、「一者即一切者」なる、「超越的渾一者」こそ、クセノファネスの神に他ならない。）「一者即一切者」としてのクセノファネスの神は、（中略）超越即内在という絶対矛盾関連の極限における叡知的実在なのであった。　　(44:3-12)

では、「叡知的実在」とは何か。それは、ここでは、平面的な形式論理では理解できず、立体的な弁証法論理で初めて理解できる存在のことである。なお、「弁証法論理」とは、形式論理における「矛盾」を、視点を変えて、多視点的に、斉合的に理解する仕方のことである。例えば、「神は、限りなく遠く、限りなく近い」と言えば、形式的には、「矛盾」である。しかし神は、超越的であるから「限りなく遠く」、しかしそれでは、人間を救うことも罰することもできないから、「限りなく近い」、と言わねばならない。これは、神に対する論理的要請である。我々は、「神」という概念を用いる以上、この要請は、受け入れざるを得ない。そして我々は、この要請を受け入れてよい、のである。何故ならば、物事は、視点を変えれば全く違って見えるものであるから。我々は、このことを、例の図〈アヒル／ウサギ〉で経験済みではないか。

我々はここで、ちょっと脇道にそれたい。私は、駅で、電車の来るのを待っていた。するとそこを急行電車が、勢いよく通過していった。そこで私は、その急行電車の運転手に注目するとしよう。その運転手の体重は、プラットホームにいる私にとっては、若干増えているのである。そんなバカな、と思われるであろうが、これは、アインシュタインの特殊相対性理論の紛れもない事実なのである。運動物体には運動エネルギーが加わっており、エネルギーには質量（重さ）があるから、である。一般的に言えば、物の在り方、見え方は、見る者（観測者）の居る座標系に相対的なのである。（これが「相対性理論」の意味である。）物事は、視点を変えれば違って見えるものなのである。それにしても、運動物体の質量など、測れるのだろうか。測れる、のである。例えば、極微の素粒子の質料は、静止している時は、ほとんどゼロに近いが、猛烈なスピードで運動している時は、それなりの質量を有している。そして、その素粒子を一定の磁場の中で運動させれば、もしその素粒子が電気を帯びていれば、カーブを描く。この実験を霧箱の中で、あるいは、写真乾板の中で行えば、その軌道が見えるから、その曲率を測れば、その素粒子の質量は計算できる、というわけである。（閑話休題）

12

さて、（中略）クセノファネスの神が、一者即一切者の矛盾的霊覚体（矛盾的自己同一体）として、万有を遺漏なく包摂しながら、無限にそれ（万有）を超越し、一切のものを越えつつ、而も渾然たる一切者として、自らを超意識的に意識するところの絶対超越・絶対内在的覚存であることが、朧ろげ明らかになったと思う。この宇宙的覚存の現成は、儼乎（厳然）たる体験の事実であって、体験そのものとしては、それは最早如何ともなし難き窮極本源の事態というほかはない。しかしながら、この了々たる覚存を思想的に反省する時、その本質をなすところの二契機たる「一」と「全」及び其等両者相互間の関係について、それが極めて複雑なる問題性を孕んで居ることは、また明瞭にして疑いの余地なきところであろう。（45:7-14）

13　ヘラクレイトス Herakleitos（前五〇〇頃）――動即静の根源的一者こそ神

クセノファネスの「全一」（即ち「一者即一切者」）は、窮極的実在を渾一不可分なる始源的融即態において捉え、あらゆる差別対立分裂以前の矛盾的一如性（矛盾的自己同一）において直証せるものであり、その点に深き問題性を宿していた。一者即一切者なるこの宇宙的霊覚は、内に無限なる分化分裂の可能性を抱きつつ、湛然として久遠の沈黙に静まりかえっていた。この深玄なる永遠の沈黙をうち破り、それが内に蔵していた流動の相を剔抉し、横溢噴涌する生成界の動性の氾濫のさなかに身を投じつつ、次第に存在流動の形而上的根源に遡り、遂にこの動性そのものの極致として神を捉えたものが、ヘラクレイトスであった。

(46:2-8)

なお、ここにおける「あらゆる差別対立分裂」とは、例えば(後の16に出てくるが)「善と悪、戦争と平和、豊饒と飢餓、等々」であろう。

14

ヘラクレイトスの著しき独創性は、彼が「万物流転」を唱導せるところに存するのではなく、現象的多者界の去来変転から出発して存在流動の形而上的根源にまで遡り、存在的「動」を窮極まで追求して、遂に(窮極の「動」たる)「動の動」ともいうべき矛盾的絶対動を把握せるところにあり、更にこの絶対的探究に際してエレア派の如く外面への途を採らず、(自己に沈潜して)内面への途を選び、いわば世界動を自己の霊魂一点に凝集してその動的緊張を絶対度にまで高めつつ、内的実存的に動の窮玄処に翻転飛入せるところに存するものと認めなければならぬ。

(48:4-10)

15

ヘラクレイトスは存在の究竟的根源を生気溢るるばかりの動性の極において把握した。「一切より一者は来り、一者より一切は来る」と説き、「一者は一切である」と説く彼は、一者即一切者の渾然たる「全体」を高唱する点においてはクセノファネスといささかも異なるところはなかったが、その超越的全一を自己の上に現証する体験の方向が著しく異彩を放っていた。

(49:6-11)

16

ヘラクレイトスの唱導する一者即一切者「全一」は、無差別平等的なる平面的万有統一ではなくして、矛盾的にして立体的なる存在緊張の渾一である。あらゆる存在物が雑然と無差別に、平面的に混淆融和して総体的になるというのではなく、善と悪、生と死、睡眠と覚醒、昼と夜、冬と夏、寒と暖、湿と乾、戦争と平和、豊饒と飢餓、の如く、感性的経験界において互いに矛盾し対立する諸物が、この源本的矛盾対立の動性をそのままに動的統一にまで収摂され、存在の最奥層に至って動的緊張の極限において洞然たる矛盾的一者（矛盾的自己同一者）に帰一するのである。「昼と夜とは絶対に同一」「善悪（は不異）」「円周上にあっては始点と終点は一致する」等の断片においてヘラクレイトスが考えているものは、平面的万物一如にあらずして、立体的なる存在統一なることを忘れては、人は彼の思想を正しく評価することができないであろう。

彼の説く「絶対同一」は存在の最深最奥の秘底に現成する諸物の矛盾的動的帰一（矛盾的自己同一）なのであった。「（全にして一なる者（神）が、それぞれの場面に応じて、）異なりつつ而も（矛盾的）自己同一であるということを、世人は理解しない。それは、弓や竪琴に見らるるごとき矛盾調和である。」

(51:4-16)

17

「相反撥するものは協和し、種々異なるものから窮玄なる美の調和が生起し、万物が相克から生まれる」という彼自身の証言によって明瞭なるごとく、ヘラクレイトスの「全一」は、万物の静的無差別的同一ではなくして、動的立体的同一であり、竪琴の弦《げん》や弓の弦《つる》に形象化される如き、矛盾反撥的緊張の極限において捉えられた存在動の絶頂なのである。絶対不動の実在の静的側面を挙揚するのあまり現象的多者界の流動を断乎として否定し去るエレア派とは違って、ヘラクレイトスは感性界の流動そのものを極処にまで緊張せしめ、以てこれをその本源的境位に引き上げる。かくて存在の本質構造をなす流動性は、「動」窮極して「静」となり、「静」きわまって「動」に転ずる動即静の矛盾的一致において、純粋動として把握される。清澄絶塵の形而上的浄域に寥廓として顕現し来るこの動即静の根源的一者こそ、ヘラクレイトスがその全情熱を傾注して提唱擁護せる「ロゴス」であり、（矛盾的自己同一の）「神」なのであった。

私は、矢をつがえ、的に向かって、弓をひく。きりきりと弓がしなり、あるところまで来ると、ぴたっと止まる。しばし止まる。この間、外見的には、私も弓は止まっている。しかし私は、弓を引いた状態で、持続している。したがって、弓も、引かれた状態で持続している。要するに、私も弓も、止まっているが、単に止まっているのではない。その内実は、動の極としての静であり、動を含んだ静であって、次の瞬間に動くべく、構えているのである。したがってこの状態は、未来の動を含んでいる。したがってこの状態は、ある意味、動なのである。内的に、動なのである。この状態は、静ではあるが、未来の動を蔵した静なのである。表は静であるが、裏は動なのである。したがって、この状態は、静と動の矛盾的自己同一である、と言えよう。そして、これこそが、ヘラクレイトスによれば、動即静の根源的一者なのである。あるいは、今の場合は、静即動の根源的一者と言うべきであろうが。

(52:1-13)

むすび——西田幾多郎は二〇世紀のヘラクレイトス

ヘラクレイトスとくれば、次はパルメニデスであるが、西田幾多郎の「矛盾的自己同一」の先行者を古代ギリシアに探す旅は、もうこの辺で十分のような気がする。すでにお気付きのように、「矛盾的自己同一」と言えるような論理（思考回路）は、クセノファネスとヘラクレイトスで、十分に自覚されていたのである、と思う。それでは、西田は、「矛盾的自己同一」を彼らから得たのであろうか。そうではあるまい。彼らの考えは、西洋哲学の流れのなかで、十分に受け継がれて行ったからである。例えばアリストテレスの有名な、根源的始原者としての「不動の動者」は、全く矛盾的自己同一者ではないのか。そしてまた、既に（Ⅰの余滴1の2において）述べたことであるが、プロティノスが、クセノファネスとヘラクレイトスの衣鉢を十分に受けついでいる。また、遥かに下っては、私は、フィヒテの「事行」にその痕跡を感じる。しかも、禅宗における「即」は、そのまま「矛盾的自己同一」であると思う。私は、このあたりで、西田幾多郎の「矛盾的自己同一」の先行者を探る旅は、終わりにする。

結局、「西田幾多郎」とは何者だったのか。その哲学史上における位置を一言で言えば、

「二〇世紀のヘラクレイトス」とでも言えるのではないか、と思う。その言わんとするところは、ここで改めて述べるまでもあるまい。

［余滴3］

私の読書観――「読んで、読んで、読まれて、読んで」

人はよく、「酒は飲むものであって、酒に飲まれてはならない」と言う。これは、年長者の若者に対する忠告としては、全くまっとうなことであろう。しかし、これに対し私は、かつて学生時代に、ある教養書の中で、本は唯読むだけではなく、時にはその本に読まれる事がなくてはならない、そうでなくては、その本の真の理解には達することはできない、という趣旨の教説に出会った事があった。今にして思えば、その趣旨は、西田幾多郎が『善の研究』の最終章「知と愛」において展開した議論と同趣のものである、と思う。西田の言わんとするところは、例えば「数学」について、真に良く「知る」ためには、その知らんとするものと「一体」にならなくてはならない、即ち、その知らんとするものを「愛」さなくてはならない、というのである、要するに、その知らんとするものの「虜《とりこ》」にならなくてはならない、というのである。従って、読書の場合で言えば、ある本の言わんとすることを真に理解するためには、その本を愛し、その本の虜にならなくてはならない、というのである、我々は、ただその本を読むのではなく、逆に、その本に読まれなくてはならない、というのである。

ところで、つい先日、私はテレビから、「のんで、のんで、のまれて、のんで」という歌声が流れてきたことに気が付いた。面白い歌詞だと思って調べてみたら、河島英吾作詞作曲の「酒と泪と男と女」という歌の中にある歌詞であることがわかった。私はさっそく、歌詞のなかの「の」を「よ」に変えて、「よんで、よんで、よまれて、よんで」という句を作ってみた。するとそこに、私が考えていたあるべき「読書」の姿が浮かびあがって来た。私は、読書というものは、本来そうあるべきである、と思う。

本にはいろいろある。題名だけ読めばよい本、序文だけ読めばよい本、序と末尾だけ読めばよい本、斜め読みすればよい本、等々。しかし、ここで話題にしているのは、少し大袈裟に言えば、一生かけても読むに値する本のことである。そのような本に対しては、私は、「読んで、読んで、読まれて、読んで」ゆくべきであると思う。そのような本に対しては、私は、主体的に読みながら、時には虜になって読まれてしまう、ということもなくてはならない、しかし、次にはまた自らを解き放つ。この様な格闘こそが、真の読書ではないのか。これが、「私の読書観」である。

「時には虜になって読まれてしまう」というところが、ポイントである。私は、西田幾多郎をそのように読んできた。そして、ウィトゲンシュタインも。

［以下駄弁］私は全くの下戸であるから、酒飲みの気持ちはわからない。しかし察するに、酒飲みは、自制を保って主体的に飲んでいるだけでは、ほんとうは酒を飲む価値はないのではないか。ひと時、酒に溺れ、酒に身を任せ、酒に飲まれる事があってこそ、酒を飲む価値があるのではないか。私は、河島英五の歌詞にあることば「飲んで、飲んで、飲まれて、飲んで」に、こんなことを想像してしまう。

Ⅳ　井筒俊彦の論文「「理事無礙」から「事事無礙」へ」を読む

――「矛盾的自己同一」の先行者を求めて（2）

井筒俊彦は、一九八五年の『思想』七・九号に、「事事無礙・理理無礙――存在解体のあと」という論文を発表した。その前半が、「「理事無礙」から「事事無礙」へ」であった。今ではその論文は、岩波文庫の同氏の論文集『コスモスとアンチコスモス――東洋哲学のために』（二〇一九）に収められている。その前書きによれば、本文は二部に分けられ、第一部では、華厳の「理事無礙」「事事無礙」的構造を、第二部では、イブヌ・ル・アラビーの「理理無礙」→「事事無礙」的構造を考察したものである。

ところで我々の目的は、西田幾多郎言うところの「矛盾的自己同一」と同じ思考回路を展開した先行者を、歴史上に求める事である。そして私はその一つの可能性を、華厳における「事事無礙」という思想に求めてみたのである。井筒の論文は、こう始まる。

> 「事事無礙」は、華厳的存在論の極致、壮麗な華厳哲学の全体系がここに窮まるといわれる重要な概念であります。しかし、「事事無礙」という考え自体、すなわち、「経験的世界のありとあらゆる事物・事象が、互いに浸透し合い、相即渾融する」という存在論的思想そのものは、華厳あるいは中国仏教だけに特有なものではなく、東西の別を越えて、世界の多くの哲学者たちの思想において中心的な役割を果たしてきた重要な、普遍的思想パラダイムであります。（中略）イスラームの哲学者、イブヌ・ル・アラビーの存在一性論もその典型的な一例ですし、その他、中国古代の哲人、荘子の「渾沌」思想、後期ギリシア、新プラトン主義の始祖プロティノスの脱我的存在ヴィジョン、西洋近世のライプニッツのモナドロギーなど、東西哲学史に多くの顕著な例を見出すことができます。これらの哲学者たちの思想は、具体的には様々に異なる表現形態を取り、いろいろ違う名称によって伝えられてはおりますが、それらはいずれも、華厳的術語で申せば、「事事無礙」と呼ばれるにふさわしい一つの共通な根源的思惟パラダイムに属するものであります。 (14:2-15:3)

さて、後に明らかになるように、「事事無礙」という思想は、同じものが、何を「有力」

とし何を「無力」とするかによって、違って見える、という思想である。即ち、同じものが、それを見る視点によって、違って見える、という思想である。そして、これこそまさに「矛盾的自己同一」の思想ではないのか。そうだとすれば、「矛盾的自己同一」という思想こそ、まさに人類の「普遍的思想パラダイム」・「根源的思惟パラダイム」と言われるものに内在し、それを可能にする最も基礎的な「論理」である、ということになる。以下において私は、この「論理」を、井筒の文章をたどりながら、明らかにしようと思う。その為には、本書の「Ⅱ　井筒俊彦の論文「意識と本質」を読む」をあらかじめお読みいただいておいてほしい、と願う。

今、仮に、ＡＢＣという三つのもの――具体的には、例えば、「鳥」と「花」と「石」――があるとする。（中略）（そして、それら）ＡＢＣが、いずれも、（一般的に言えば「色即是空」の）「空」の「有」的側面（「色」的側面）である絶対無分節者の分節的現起（全体顕現）の形であること、そしてまた、その限りにおいて、ＡＢＣが、それぞれ、違うものでありながら、しかも互いに相通して、円融的に一であること、は明らかでありましょう。（ここの記述は難解であるが、本書のⅡの「井筒俊彦の論文「意識と本質」を読む」の「無分節者」に関わる部分を参考にしていただければ、理解可能であると思う。）と、いうことは、すなわち、ABCは、いずれも、まったく同じ無限数の存在論的構成要素（abcde…）から成っている、ということにほかなりません。A＝（abcde…）であるなら、またB＝（abcde…）であり、Cも同じ。

すべてがすべてを映現する、あるいは、一々のもののなかに全宇宙が含まれている、という鏡灯的「縁起」の原則によって、これらの存在論的構成要素（abcde…）は、ABCDのどの場合においても、全部が一挙に起こり、互いに交流し渉入し合いながら、Aを現成させ、Bを現成させ、またCを現成させていく。

(68:10-69:6)

存在を記号化し、ものをすべて、記号的機能性において把握しようとする現代の記号学の立場で考えるなら、今ここで問題としている存在論的状況では、Aは「シニフィアン」、（abcde…）はその「シニフィエ」ということになりましょう。つまり、「シニフィアン」A－「シニフィエ」aというような、単純な一対一の記号構造ではない、ということです。たしかに、常識的な存在観に基づく記号学では、事態は、原則として、このように単純化されて呈示されるでしょう。しかし、華厳的記号学――仮にそのようなものがあるとしての話ですが――では、記号化されたものの存在論的意味構造は、「シニフィアン」A－「シニフィエ」（abcde…）という形を取る。しかも、「シニフィアン」は違っても、「シニフィエ」のほうは、いつも同じ（abcde...）なのです。

複合的「シニフィアン」は、どの場合でも、まったく同じであるのに、「シニフィアン」はAであったり、Bであったり、Cであったりする。どうして、そんなことが起こるのか。「シニフィエ」がまったく同じであるのに、どうして、AはAであってBでもなくCでもないというようなことがあり得るのか。我々がこう問う時、そこに「有力」「無力」の概念が導入されるのです。

すべてのものが、みな同一の複合的構成要素から成るとはいえ、それら（複合的構成要素）の相互の間には、常に必ず「有力」「無力」の違いがある、と華厳哲学は考えます。構成要素群のなかのどれか一つ（あるいは幾つか）が「有力」である時、残りの要素は「無力」の状態に引き落とされる。「有力」とは積極的、顕現的、自己主張的、支配的ということ。従って、「無力」とは、勿論、消極的、隠退的、自己否定的、被支配的であることとです。「有力」な要素だけが表に出て光を浴び、「無力」な要素は闇に隠れてしまう。普通の人には、「有力」な要素だけしか見えない。しかも、（abcde...）のうち、どれが「有力」の位置を占めるかは、場合場合で力動的に異なるのです。つまり、「性起」の仕方、無分節者の自己分節の仕方、が場合場合で違う。この存在分節の違いは、ひとえに、どの要素が「有力」的に現起し、どれが「無力」的に現起するか、によって決まる。「有力」的に現起したものは主となり、「無力」的に現起したものは従となる。それがすなわち「主伴」の論理であります。

AがAであってBやCでない、BがBであってAやCとは違う、云々という、もの相互間の存在論的差異性は、「主伴」論理によって支配されます。すなわち、AがAであるのは、その構成要素（abcde…）のうち、例えばaが「有力」で、b以下すべての他の要素を「無力」化してしまうからであり、BがBであるのは、例えばbがたまたま「有力」で、そのために、Aの場合には「有力」であったaも含めて、残りの要素が全部「無力」状態に置かれるからである、と考えるのです。まったく同じ構成要素を共通にもちながら、ABCが互いに違うものであるという、一見奇妙な事態が、こうして説明されます。　(69:7-71:10)

註：この事態を図解すると、以下のようになる。「有力」な要素は太文字にしてある。

A（**a**bcde…）
B（a**b**cde…）
C（ab**c**de…）

すべてのものは、結局、それらの共有する構成要素の、「有力」「無力」的布置いかんによって、それぞれのものである。としますと、それらのもの相互の間に、「事事無礙」的関係が成り立つことは明らかです。「無礙」とは、もともと、障礙（さまたげ）がないということなのですから。AはAでありながら、BでもありCでもある、それでいて事実上はAであって、BでもなくCでもない。こんな存在論的境位では、すべてのものが互いに融通無礙であることは当然ではないでしょうか。差異がないわけではない。しかしその差異は、いわば透き通しの（中における）差異なのです。

我々の日常的経験の世界、すなわち存在の現象的次元では、「有力」な要素だけが浮き出ていて、「無力」な要素は、全然、目に入りません。また、それだからこそ、ものがものとして個々別々に見えているわけなのですが、だからといって、「無力」な要素が不在なのではありません。目には見えないけれども、「無力」な要素は、ちゃんとそこにある、現象的存在次元におけるものの深層構造として。

しかし「無力」な要素が見えないといっても、それは我々普通の人間の場合のことで、仏教の語る仏や菩薩たち、つまり（中略）「複眼の士」には、ものの「無力」的側面も「有力」的側面も、同時に（一挙に）見える。我々の認識能力は、何を見ても、それの「有力」的側面にだけに焦点を絞るようにできているので、「無力」的側面は完全に視野の外に出てしまうのですが、「複眼の士」の目は、常に必ず、存在の「無力」の構成要素を（も）、残りなく、不可視の暗闇から引き出してきて、いかなるものをも、「有力」「無力」の両側面において見ることができるのです。このような状態で見られた存在世界の風景を叙して、華厳は、あらゆるものが深い三昧のうちにある、というのであります。

(71:11-72:16)

ここでは、「シニフィアン」と「シニフィエ」という、二つの言葉が使われている。これらは、ソシュールが自己の言語論を展開する際の基礎概念を表すものとして用いられ、一般にも広く使われるようになった言葉であるが、今は、それとは関係なしに、普通に「意味するもの」と「意味されるもの」というように理解する。即ち、例えば、Aは(abcde...)を「意味するもの」(abcde...)はAによって「意味されるもの」、という訳である。

さて、我々はここで、さきの引用文の最後の部分、即ち、「あらゆるものが深い三昧のうちにある、」という部分に注目したい。ここで言われていることは、「あらゆるものABC……が、同時に一挙に、それらの構成要素(abcde...)と、これらにおける「有力」「無力」の区別も含めて、仏の意識の内にある」という事である。ということは、先に註で示した図は、仏が見ている世界——真実の世界——を表している、ということである。先に註で示した図は、実は、真実の世界を図示した「曼荼羅」なのである。

では、具体的に言って、ABC……とは何か。「A」とは、例えば、「私」という「個物」である。では、「私」という「個物」とは何か。それに答えるには、「私」という存在の、誕生から今日に至るまでの、長い（あるいは、短い）歴史を語らなければならない。しかし、その為には、私の両親の生涯についても、語らなければならない。しかし、その為には、私の両親の両親の生涯についても、語らなければならない。かくして、話は、人類誕生の昔に及ぶ。しかし、話は、なおも続く。人類が誕生するためには、アフリカという大地がなければならない。更に、太陽という天体があり、それと絶妙な距離を保っていなければならない。もう止そう。話せば、切りがないから。しかし、これは話の半面にすぎない。「私」という「個物」とは何か、という問いに答えるには、「私」という存在の内面――心――の歴史についても、語らなければならない。そして、これを語ろうとすれば、話はたちどころに、日本を出て、中国を経て古代インドに及んでしまう。例えば、道元、如浄、龍樹（ナーガールジュナ）、ブッダ、というわけである。そして勿論、この先も限りなく続く。要するに、私という一個物は、身心ともに、この宇宙の歴史の最先端にいるのである。一言で言うと、私は「歴史的存在」なのである。そしてもちろん、同じことが万物について、言える。私の机上の微細なゴミ一つについても、ぷーんといって飛んできた一匹の蚊についても、言える。要するに、万物は、「歴史的存在」なのである。しかも、我々の「歴史」は一つしかない。したがって、万物は、我々の唯一の歴史の無数の尖端なのである。そして、それらの尖端を決めるのが、我々の宇宙の構成要素（abcde...）における、「有力」「無力」の配置なのである。

ここで我々は、先のⅡにあった「無分節者」の図を思い出す。それはまさに、本章の註にあった「有力」「無力」の図と、全く同じことを示しているのではないか。そして私は、先に、「無分節者」の図を見ながら、こう言った。

私はここに、西田の「矛盾的自己同一」と同じ構造を見る。即ち、井筒は、「禅は現実を、「本質」によって固定された事物のロゴス的構造体とは見ない」という「無自性・空」の禅思想から出発して、この世は根源的に矛盾的自己同一である、という帰結に到達したのである。

したがって私は、ここでも、「有力」「無力」の図を見ながら、全くそれと同じことを言いたい。そして私は、ここに、「西田哲学」の世界史的視野から見ての「深さ」を感じる者である。

V　ガリレイとアインシュタインにおける「相対性」と、西田幾多郎における「矛盾的自己同一」

はじめに

西田幾多郎は、論文「絶対矛盾的自己同一」において、こう言っている。

物と物とが相働くことによって一つの世界（――「一つのシステム」――）を形成するということ（「多の一」）は、逆に物が一つの世界（システム）の部分と考えられること（「一の多」）で（も）なければならない。 (7:3-7)

これに対して私は、本書のIの1において、こう解説した。

現実の世界とは、物と物とが相働く世界でなければならない、即ち、「多の一」でなければならない。しかし、「多の一」として一つの世界が形成されると、今度は逆に、物が一つの世界の部分として、「一の多」が成立する。「多の一」は原子論であり、「一の多」は全体論である。従って、現実の世界は、（多が先立つ）原子論の世界であると同時に、（一が先立つ）全体論の世界でもあるのである。かくして我々は、現実の世界を、「原子論」の世界と見ることもできるし、「全体論」の世界と見ることもできる。現実の世界は、「原子論」と「全体論」の、あるいは、「多の一」と「一の多」の、矛盾的自己同一の世界なのである。

これからも明らかであるように、西田は、常に一つのもの――「自己同一のもの」――を複数の異なる視点――「矛盾する視点」――から見る。そしてその「一つのもの」を、「矛盾的自己同一」なるものとして提示する。私はこれと同じ構造を、すべてを座標系に於いて見る近現代の科学にみる。以下において私は、この事実を、ガリレイとアインシュタインで例証しようと思う。そして、それによって、序において言ったように、この世における万事・万物は「（絶対）矛盾的自己同一者」なのであるということを、近現代の科学の側面から、なお一層確かなものにしようと思う。

ガリレイの場合――「慣性の法則」の発見

ここで思い出されるのが、先ずはガリレオ・ガリレイである。言うまでもなく、古来からの天動説に対して、「それでも地球は動く」と言って地動説を唱えた、かの有名なガリレオである。しかし、今にして思えば、地動説（太陽中心説）は確かに正しいが、天動説（地球中心説）も、正しいのである。見方によっては、どちらも正しい。地球を基準にすれば（地球から見れば）「天動説」が成り立ち、太陽を基準にすれば（太陽から見れば）「地動説」が成り立つ。両者の違いは、基準の取り方の違いであって、事の真相は、「地球を基準にすれば「天動説」が成り立ち、太陽を基準にすれば「地動説」が成り立つ」という事なのであって、そのどちらか一方が基準抜きにして――「基準フリー」で――それ自体として絶対的に正しい、という訳ではないのだ。

一例を挙げよう。我々は、日常的な出来事として、「日の出」という現象を知っている。ここに、「天動説者F」と「地動説者G」が並んで立ち、眼前の同じ一つの現象「日の出」を見ている、とする。問題は、彼らはそれをどう見るか、である。勿論、天動説者Fは、不動の大地から静かに昇り行く太陽を見る。これに対し地動説者Gは、不動の太陽に対し、地球の公転と自転を合成した地表の動きを見るのである、即ち、全く違った現象を見るのである。

この話しの教訓は何であろうか。それは、我々がつね日頃生活を営むこの世の現象——全くありふれた現象——といえども、それ自体で独立に、独自に存在しているのではなく、それを見る観察者の有する理論——今の例では、「天動説」か「地動説」か——に本質的に依存しているのだ、ということである。観察者の有する理論なしには、現象というものはあり得ない。現象というものは、本質的に、観察者の有する理論に対して「相対的」なのである。この事実は、一般に、観察の「理論依存性」——または「理論負荷性（theory-laden）」——と言われる。この事実は、観察の「理論に対する相対性」と言われてもよいであろう。我々はここに、早くも「天動説」と「地動説」の「矛盾的自己同一」をみる。

ところでガリレイは、地動説を唱えたことによって、宗教裁判にかけられた。告発者は、実質、こう言った。

もしも、この地球が動いているならば、地上での落下物は、動いている方向と反対方向にズレて着地するはずだ。しかし、実際には、そんな事はない。落下物は真下に着地するではないか。したがって、地球は動いていない。したがって、地動説は正しくない。

これに対してガリレイは、実質、次のように反論した。

水平な一定方向に等速直線運動をする運動物体から落下した落下物は、運動物体から離れたまさにその瞬間に、その運動物体の運動方向に、その運動物体と同じ速度で、まさに投げ出されたのである。そして以後は、慣性の法則によって、水平方向に、運動物体と同じ等速直線運動をすると同時に、自由落下の法則によって、加速度gで垂直に落下する。したがって、実際には両者の合成によって、落下物は空中を放物線を描いて落下して、地上に到達する。そして、地上に到達したその地点こそが、まさに、運動物体が水平に等速直線運動をして到達していた地点の、真下なのである。それ故、運動物体から見れば、落下物は、まっすぐ真下に落下して行くのである。それは、丁度、運動物体が止まっていたかの如くなのである。したがって、そこに如何なるズレも生じない。それ故、告発者の言うことは正しい。しかしそれは、地動説への反論にはなっていない。

要するに、こうである。その運動物体からの落下物は、地上から見れば、放物線を描いて落下する。しかし、運動物体から見れば、まっすぐ真下に落下する。そして、いずれの場合においても、着地点は、運動物体の真下なのである。とは言え、ここに二つの事象があるわけではない。唯一の事象が、それを見る視点（観察者）の違いによって、全く違って見えるのである。我々はこの事実を、観察の「視点（観察者）に対する相対性」と呼んでもよいであろう。そして我々は、ここにも、二つの視点（観察者）からの観察の「矛盾的自己同一」を見る。

我々はここに二つの「相対性」があり得ることを知った。観察の「理論に対する相対性」と観察の「視点（観察者）に対する相対性」である。そして私がこれから問題にしようと思いのは、後者の観察の「視点（観察者）に対する相対性」である。先の例で言えば、水平に等速直線運動をしている物体から、その一部が離れ、万有引力によって自由落下してゆく、という事象を、地上から見れば、その落下物は、放物線を描いて落下しているように見えるが、水平に等速直線運動をしているその物体から見れば、真っ直ぐ真下に落下しているように見える、ということである。要するに、一つの事象が、視点（観察者の立ち位置）を変えれば、全く違って見える、ということである。この場合、前提されている理論は全く同じである。それは、具体的に言えば、「慣性の法則」と「自由落下の法則」である。そして勿論、その背後には、ニュートン力学の運動方程式（第二法則）とニュートンの万有引力の法則が隠されてはいるが。

さて、ガリレイは事象の「視点に対する相対性」を理解していた。これは勿論、事象の「観察者に対する相対性」である。事象は、一般には、少なくとも「自然科学」においては、個々の人間存在を離れた客観的なものである、と思われているかもしれない。しかし、実はそうではない。事象というものは、全く同じ理論を有する観察者同士といえども、その立ち位置が違えば、全く違って見えるものなのである。そして、勿論、そのどちらも正しい。「科学は客観的である」とはいえ、それは、観察者を必要としない、という事では全くない。完全に冷徹に客観性を標榜する科学といえども、観察者抜き（観察者フリー）ではない。科学とは、「観察者（観測者）――しかも静止している観察者――に対する科学」なのである。

アインシュタインの場合——「光速度一定の法則」の発見

ガリレイの後を継いだのが、ガリレイが没した年に生まれたニュートンであり、ニュートンで古典力学が完成した。しかし、古典力学で前提されていた時空の理解——絶対不動の時間と空間——では、光のある振る舞い（マイケルソン－モーリーの実験）を理解することはできなかった。ここで現れたのが、アインシュタインである。彼は、「如何なる視点（観察者）から見ても、光の速度は一定である」という「光速度一定の法則」——「光速度は観察者に対して相対的ではない」という法則——を立てて、古典力学の時空の考え方を一新し、当時問題になっていた「マイケルソン－モーリーの実験」の謎を見事に解決した。しかもその上、「同時刻の相対性」「運動物体では時間（時計）は遅れる」「運動物体は運動方向に縮む」「運動物体の質量は速度が上がると増加する」等々の、驚くべき事柄を導きだした。これが「特殊相対性理論」である。二〇世紀初頭のことである。ここでは、比較的理解しやすい「同時刻の相対性」と「運動物体では時間（時計）は遅れる」ということについてだけ、説明することにする。

「同時刻の相対性」

私が、駅のプラットホームに佇んでいる。そこに、車両の中央に発光体を有する急行電車が左から右へと等速度で通過してゆく。その車両の中央がちょうど私の正面に来たとき、その発光体が発光し、光を前後に同時に送り出す。その光は、「光速度一定の法則」により、如何なる観察者に対しても「速度は一定」なのであるから、電車の乗客に対しても、プラットホームにいる私に対しても、同じ速度で左右に進行する。しかしその間、電車はいくらかでも右に動いているのであるから、私には、件の光は、進行方向に対して電車の後ろの壁に先にぶつかって見える。しかし電車の乗客に対しては、電車は乗客に対しては止まっているのであるから、発光体から同じ速度で左右に進行した光の尖端は、同時に前後の壁にぶつかる。即ち、走っている電車の中にいる乗客には同時と見える現象が、走っている電車の外にいる私には、同時には見えないのだ。これが、「同時刻の相対性」と言われる現象である。

先に私は、運動物体からの落下物は、地上からは「放物線を描く」ように見え、運動物体からは「垂直に落下する」ように見える、ということを述べた。要するに、事象は、それを見る視点（観察者）に対して「相対的」なのである。そして今の場合は、進行中の電車の中央にある光源から同時に発出された光は、電車の中にいる人には、電車の前方の壁と後方の壁とに、同時に到達するように見えるけれども、電車の外にいる人には、同時ではなく、後方の壁の方に早く到達するように見えるのである。即ち、事象は、それを見る視点（観察者）に対して「相対的」なのである。ここにおいても我々は、二つの視点（観察者）からの観察の「矛盾的自己同一」を見る。

「運動物体では、時間（時計）は遅れる」

例によって、私は駅のプラットホームに佇んでいる。そこに、急行電車が左から右へと一定の速度で通過してゆく。その電車の中には、今度は、「光時計」というものが置かれている。それは、外見は「ガラスの円柱」で、その天井と床には反射板が張り付けられている。更に天井には、床に向けての光源が置かれている。今その電車が私の眼の前を通過したとき、その天井の光源から垂直下方に向けて、光が発せられた。その光は、電車の乗客には、光速度cで進む光と見える。問題は、その光は、プラットホームにいる私にはどう見えるか、である。光は、円柱の中を垂直下方に直進する。しかし、その円柱は、電車と共に左から右へと移動しているのである。したがってその光は、その円柱の中央を、電車と共に、左から右へと傾きながら進んでゆくのである。するとそこに、一つの直角三角形が生まれる。（左図を参照）

電車の乗客をa、プラットホームにいる私をb、光の速度をc、私から見た電車の速度をv、（それは、私から見た「光時計」の動き行く速度でもある。）電車の乗客に対して、光が円柱の床に達するまでの時間をTa、私に対して、光が円柱の床に達するまでの時間をTb、とすると、件の直角三角形は、「底辺をvTb、高さをcTa、斜辺をcTbとする直角三角形」であることになる。ここで、「ピタゴラスの定理」（三平方の定理）を適用すると、こうなる。

$$(c\mathrm{Ta})^2+(v\mathrm{Tb})^2=(c\mathrm{Tb})^2$$

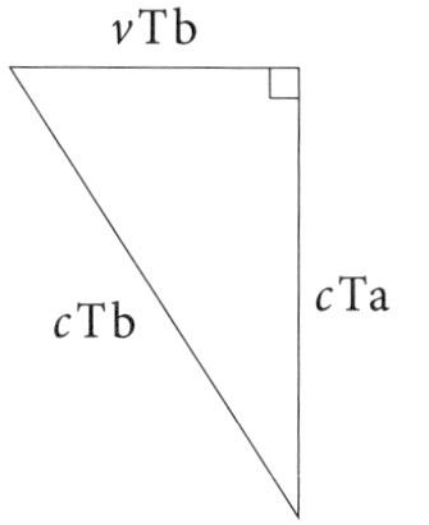

後は、以下のように変形すればよい。

$$(c\mathrm{Ta})^2=(c\mathrm{Tb})^2-(v\mathrm{Tb})^2$$
$$=\mathrm{Tb}^2(c^2-v^2)$$
$$\frac{\mathrm{Ta}^2}{\mathrm{Tb}^2}=\frac{(c^2-v^2)}{c^2}$$

故に、$\dfrac{\mathrm{Ta}}{\mathrm{Tb}}=\sqrt{1-\left(\dfrac{v}{c}\right)^2}$

ここに、$c>v$であるから、$\frac{v}{c}<1$であり、したがって、Ta<Tbである。これは、私がプ

ラットホームから通過する電車の中の時計を見るとき、「光時計」の光がその天井から床に達するまでの時間は、電車の乗客が電車の中で電車の中の「光時計」を見るときの、光が天井から床に達するまでの時間よりもながい、ということである。そしてこれは、「光時計」における光の天井から床に達するまでの時間を仮に「一秒」とすれば、私に見える一秒は、電車の乗客における一秒よりもながい、という事である。これは、アインシュタインの「光速度一定の法則」の結果である。考えてみれば、「光速度一定の法則」により、光は、何処から見ても、速度一定なのである。そして私の見る光は、直角三角形の斜辺を下る。しかし、乗客の見る光は、同じ速度で直角三角形の高さを下る。ところが、直角三角形の斜辺は高さより長い。したがって、電車の外にいる私には、電車の中にいる乗客よりも、電車の中の「光時計」では、一秒がながく感じられるのである。これが、「運動物体では、時間（時計）が遅れる」という現象である。そして勿論これも、二つの視点（観察者）からの観察の「矛盾的自己同一」である。

なお、「光時計」の話は、佐藤勝彦著の『アインシュタイン 相対性理論』（NHK「100分de名著」ブックス、NHK出版、二〇一四）による。この本は、「相対性理論」への入門書として最適であると思う。ただし先の引用では、今の文脈にあわせて、少し変えてある。

近現代科学の構造――すべてを「座標系」に於いて見る

既に述べたように、観察には二つの「相対性」がある。理論が違えば観察結果も違う、という「理論に対する相対性」と、同じ理論の下においても、視点（観察者・座標系）が違えば観察結果も違う、という「視点（観察者・座標系）に対する相対性」である。そして、そのいずれもが、ある一つのものに対する観察である。この「ある一つのもの」こそが、西田幾多郎言うところの「矛盾的自己同一」なるものではないのか。近現代科学とは、「矛盾的自己同一」なる「ある一つのもの」に対する、さまざまな理論による、さまざまな視点（観察者・座標系）からの、探究なのである。これが、近現代科学の構造である。西田幾多郎の「矛盾的自己同一」は、期せずしてか、ある意味、近現代科学の構造の一端を示しているのではないか、と思う。特に「座標系」の概念が重要である。これは、近代科学のもう一方の柱「量子力学」においても、同様である。その双璧をなす、シュレーディンガー―の「波動力学」とハイゼンベルクの「マトリックス力学」の違いは、座標系の取り方の違いにすぎない。この事を証明したのが、ディラックの「変換理論」である。

ここで一言注意しておきたい。「相対性理論」の根底にある「光速度一定の法則」とは、光速度の観察（観測）においては、「視点（観察者・座標系）に対する相対性」は存在しない、という事である。これが、「相対性理論」の核心である。如何なる観察者に対しても、光速度は一定不変なのである。「相対性理論」と言いながら、ここには、観察者に対する「相対性」は、存在しない。光の速度は、如何なる観察者に対しても絶対なのである、常に、真空中では、「秒速二九九、七九二、四五八メートル」なのである。従って、一般には、光速は「三〇万キロメートル／毎秒」と言われている。しかし、それは真空中での話であって、空気の中、水の中、ガラスの中、等々、要するに物質の中を進むときは、光の速度は遅くなる。それは、光と物質の中の電子との相互作用によるものである。そしてまた、これとは別に、重力が働く場所を通る光を遠くから見るときも、光の速度は遅くなる。しかしこれは「一般相対性理論」での話である。

もう一言、注意しておきたい。それは、「光時計」における「直角三角形」の斜辺について、である。これに対比されるのが、運動物体からの「落下物」が描く放物線である。後者においては、運動物体からの「落下物」は、「慣性の法則」による水平方向の等速直線運動と、万有引力による加速度的な自由落下運動の合成として、「放物線」が描かれるのであるが、前者においては、天井からの「光」は、「慣性の法則」による水平方向の等速直線運動と、「光速度一定の法則」による床への等速直線運動の合成として、件の「直角三角形」の斜辺を下るのである。この事は、左の二つの図を見比べて頂ければ、理解して頂けると思う。勿論、左が「光」の場合、右が「落下物」の場合である。そして、0、1、2、3は、経過の順序を表している。

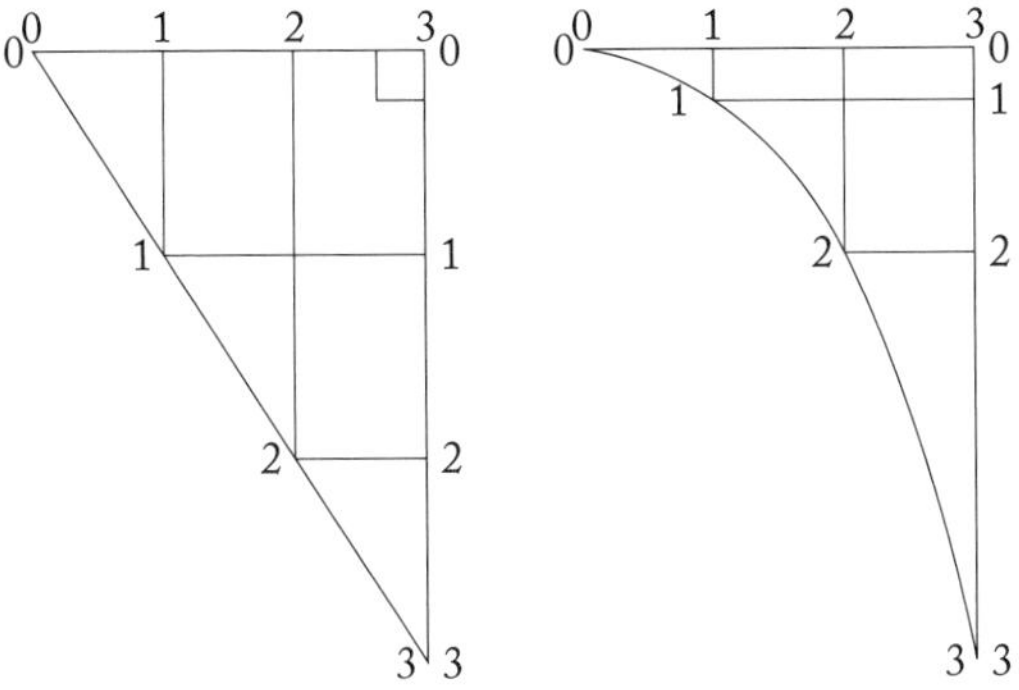

註：地上の観察者に対する「運動物体からの落下物」の軌跡（放物線）の場合と、同じく、地上の（プラットホームの）観察者に対する、運動物体（急行電車）にある「光時計」の中の光の軌跡（直角三角形の斜辺）の場合について、より一層明確に理解して頂くために、以下、補足的説明を試みる。
先に説明したように、「等速直線運動をしている運動物体」からの落下物は、その運動物体から見れば、垂直下方に落下するように見える。これは、「等速直線運動をしている運動物体」からの落下物は、それが静止しているときと同じ運動をするように見える、という事である。即ち、落下という現象では、運動物体における「等速直線運動」という条件は、「静止」という条件と同じ、なのである。

ここで話を一般化する。等速直進運動をしている世界（座標系）を「慣性系」と言う。そしてガリレイは、「慣性系では、すべての力学法則は変わらない」と考えた。これを「ガリレイの相対性原理」という。これに対してアインシュタインは、この「ガリレイの相対性原理」を一般化して、「慣性系では、力学も光学も電磁気学も含めて、すべての物理法則が変わらない」と考えた。これが「アインシュタインの相対性原理」である。なおこの「相対性原理」は、後に、「加速度」をも含めてより一般化された「一般相対性原理」に対して、「特殊相対性原理」と言われる。

ここで、同じサイズの二枚のコピー用紙を用意する。その一枚（A）の上半分に電車を描き、その中に、乗客と「光時計」を描く。もう一枚（B）の下半分にプラットホームを描き、その上に私なるもの（観察者）を描く。ここにおいて、この二枚のコピー用紙は、それぞれ、一つの世界（慣性系）を表している。ここで、私のいる紙（B）を固定し、その上に、電車が描かれた紙（A）を重ねて置く。そして、電車が描かれた紙（A）を、右に等速度に動かす。この時、「光時計」の中で発せられた光が「光速度一定」の法則で「光時計」の中を床に向かって一直線に走る軌跡の、下に重なっている私のいる紙（B）に映す軌跡が、直角三角形の斜辺になるのである。

アインシュタインは、一九〇五年、「光量子仮説」と「分子の大きさの新しい決定法」（学位論文）と「ブラウン運動の理論」と「特殊相対性理論」という四つの論文を、相次いで発表した。それぞれ、三月、四月、五月、六月、のことである。弱冠二六歳の時である。この年は、後に「奇跡の年」と言われるようになる。

「ブラウン運動の理論」は、水の分子の大きさを推定することに成功した理論であるが、これはさておき、「光量子仮説」と「特殊相対性理論」は、内的に密接に関係している。「光とは何か」という光の本質論に関しては、従来、「粒子説」と「波動説」という二つの説が対立していた。しかし、「粒子説」では、光の回折とか干渉とかが説明できず、「波動説」では、波を起こす媒体の存在が証明できなかった。そこに現れたのが、アインシュタインの「光量子仮説」である。アインシュタインは、光は、物質粒子でも何かの波動でもなく、それ自体は質量ゼロの、高速度（光速度）で直進するエネルギーの塊である、と考えた。そう考えたからこそ、「（特殊）相対性理論」があり得たのである。もっともその背景には、遡ること五年、一九〇〇年に発表された、「エネルギーには最小単位がある」というプランクの「量子仮説」があったのであるが。そしてこの「量子仮説」と「（特殊）相対性理論」が、以後の現代物理学を牽引してゆくことになる。

アインシュタインは、その後も活発に研究活動を続け、一九〇七年には、原子炉の原理である有名な $E=mc^2$ を発表。さらに一九一六年には、「一般相対性理論」を発表し、それは、一九一九年に、イギリスの日食観測隊によって実証されて、一躍、物理学界のみならず、世界のスターになった。

アインシュタインは、一九二一年、チェコ、オーストリア、アメリカ、イギリスを歴訪、翌一九二二年には、フランス、中国、日本を歴訪し、各地で熱狂的に歓迎された。そしてその途次、「光量子仮説」でノーベル物理学賞の知らせをうける。

以下は、『西田幾多郎書簡集』（藤田正勝編、岩波文庫、二〇二〇）からの引用である。

今度のアインシタインの考方（無論私はまだ何も分らぬのであるが）などは私はこういう点から便宜になったという事ではなく物理学として非常に面白い idea と思います。物理学として誠に深い所までいった。ここからすぐ哲学と結合するのではないかと思われます。ア氏自身は自分の考えの phil.Bedeutung（哲学的意味）というものを知らぬのではないかと思います。Newton とても決して自分の物理学の philos.Bed. を知ったのではありませぬ。（84:2-7）

これは、西田幾多郎が、一九二〇年に桑木彧雄《あやお》氏に宛てたものである。桑木氏は、哲学者桑木厳翼氏の弟で、東大の理科（物理学）卒業の物理学者にして、相対性理論の最初の紹介者である。藤田正勝氏の注解によると、以下のようである。

改造社の招きでアインシュタイン招聘の話が進んでいた。改造社社長の山本実彦に招聘を勧めたのは西田であった。石原純や桑木彧雄らの世話で東京、仙台、名古屋、京都、大阪、神戸、福岡でアインシュタインの講演が行なわれた。（274:12-14）

一二月一四日には京都大学で「いかにして私は相対性理論を創ったか」という題で講演を行った（この題は西田の希望による）。（274:17-275:1）

西田幾多郎は、大いに、物理学に哲学的意味を感じていたのである。

〔余滴4〕　古典力学と相対性理論――「棺を蓋いて事定まる」

中国のことわざに、「蓋棺事定（ガイカンジテイ）」――「棺を蓋いて事定まる（カンヲオオイテジサダマル）」――というのがある。これは、言うまでも無く、「人間の真価は、死してのち決まる」ということである。そして私は、それと同型の典型的な一例を「ニュートンの古典力学とアインシュタインの相対性理論」の間に見る。但し、ここで「アインシュタインの相対性理論」というとき、そこには、彼の「光量子仮説」をも含ませて考える事にする。

（ニュートンの）古典力学は、（アインシュタインの）相対性理論によって否定され、その真理性は、相対性理論によって奪われた。しかし、それによって古典力学が破棄されたわけではない。古典力学は、相対性理論における光速度cを仮想的に無限大に拡大した場合、という仮想的な近似の場合として、――仮想的な一変種として――相対性理論のなかに、包摂されたのである。

この事は、例えば、先に挙げた「運動物体では、時間（時計）は遅れる」という、相対性理論における特徴的な事の証明のためにおこなった計算の最後の式において、cを無限大にすれば、v/cはゼロになり、従ってTaとTbは等しくなって、「運動物体でも、時間（時計）は遅れない」という、古典力学での時間論が成立する事になる、ということにおいても、証明される。

古典力学は、一度、相対性理論によって否定されて、死んだ。しかし、相対性理論の近似として、復活したのである。古典力学は、それ自体に於いては真ではないが、「（真なる）相対性理論の近似である」という事において、その真価を保持しているのである。しかもその真価は、並々ならぬものである。俗に、「巨視的世界」と言われるこの現実世界においては、古典力学で十二分に間に合うからである。

グラウンドにおいて秒速Uメートルで投球できる選手が、秒速Vメートルで等速直進している電車のなかで、あるいは、電車から、進行方向に、同様に投球すれば、それを外から見ている人には、その球は、秒速U＋Vメートルで走っているように見える。これが、古典力学における「速度加法（合成）の法則」である。しかし、相対性理論では、そう簡単には行かない。相対性理論では、U＋Vは

$$\frac{U+V}{1+\frac{U \times V}{c^2}}$$

になってしまうのである。何という複雑な式。しかもその分母は、cが極めて大きい事を考えれば、1に極めて近いのである。したがって、その式全体の値は、U＋Vより小さいが、しかし、U＋Vに極めて近い値なのである。これでは、たとえそれが真理であるとしても、U＋Vで間に合うならば、それで間に合わせてしまう、これが現実の選択として、万人にとって十二分に許され得る事であろう。これが、古典力学は相対性理論の良き近似である、ということの真実である。そして、もしかしたら、相対性理論自体が、実は、未だ知られざる更なる真理Xの近似であるかもしれない。という事は、ここに於いては、客観的な「真理」という事は、もはや意味をなさない、という事である。ここに於いては、実用的な「真理」――プラグマチズム的な「真理」――のみが、意味を有するのである。

最後に、一つ、思考実験をしておこう。それは、(現実には不可能なことであろうが、) 光速度の九〇パーセントで直進している宇宙船から、進行方向に光を発射する、というものである。これは、先の式で、UをCに置き換え、Vを0.9Cに置きかえる、ということである。すると、その結果は、計算すればすぐに分かることであるが、Cなのである。即ち、そのような工夫をしても、光は光を追い越せないのである。光は光より遅くも速くも走れない。光速度は、いかにしても一定不変なのである。これが、相対性理論の一大原則なのである。

Ⅵ　科学哲学者としての西田幾多郎の面目

――『西田哲学選集』第二巻「科学哲学」論文集と末綱恕一『数理と論理』、および『西田幾多郎書簡集』を読む

西田幾多郎には、「禅の哲学者」という印象が強い。事実、彼は、若かりし頃には坐禅に打ち込み、禅の泰斗鈴木大拙は終生の親友であった。そして、大拙言う所の「即非」の論理と西田言う所の「矛盾的自己同一」の論理は、双子の兄弟のようなものである。ちなみに、「即非」を前後逆にして「非即」として見よ。すると、そこに現れる「非即」の論理は、「非」なるもの（矛盾するもの）の「即」（自己同一）として、まさしく「矛盾的自己同一」の論理になるのではないか。

ところが他方意外にも、西田幾多郎には「科学哲学者」という一面がある。しかもそれは、多くの哲学者がそうであるように科学についての通俗的な解説書を読んでの議論では

なく、本格的な専門書を読んだ上での議論なのである。

いささか旧聞に属するが、燈影舎という京都の出版社から、岩波書店刊の『西田幾多郎全集』の第四版を底本として、各分野ごとに巻を設けて、『西田哲学選集』というシリーズが出版されている。監修は上田閑照、編集は大橋良介と野家啓一であった。そしてその第二巻が、編集と解説を野家が担当したところの、西田の「科学哲学」論文集であった。一九九八年のことである。巻末には、「西田幾多郎「科学哲学」関連年表」というのがついていて、大いに参考になる。

さて、よく知られているように、西田の最後の完成原稿は「場所的論理と宗教的世界観」である。発表されたのは没年（一九四五年）の翌年、『哲学論文集第七』においてであった。そこで、この「関連年表」を見てみると、西田は、逝去の年には、「場所的論理と宗教的世界観」の他に、「数学の哲学的基礎付け」（九月）を、そして、その前年には「物理の世界」（一月）「論理と数理」（三月）「空間」（八月）「生命」（一〇月、翌年八月）という四つの論文を、立て続けに発表しているのである。

こうしてみると西田幾多郎は、その生涯の最後の二年間において、多くの蓄積があったであろうが、その宗教哲学者としての姿と科学哲学者としての姿を、ほとんど同時に爆発的に示したということになる。驚くべきことである。

以下において私は、『西田哲学選集』第二巻に掲載された「物理の世界」と「論理と数理」、および、「西田哲学」を自己の哲学としながら、数学の基礎のついての洞察を深めていった末綱恕一の小著『数理と論理』（弘文堂、一九四七）、更には、西田幾多郎が末綱恕一に宛てた書簡二通などを読みながら、「矛盾的自己同一」についての理解を一段と深めようと思う。

西田幾多郎「物理の世界」から――実在の世界は矛盾的自己同一

自己自身から動く世界、すなわち（自ら）働く世界とは、（ある一面から見れば）個物的多（と見える世界）と（別の一面から見れば）全体的一と（見える世界と）の矛盾的自己同一の世界、と考えられるであろう。単に多なる世界（としか見えない世界）に働くということはない（し）、単に一なる世界（としか見えない世界）においても働くということはない。無数なる物と物とがどこまでも（相互に作用を及ぼし合って）対立的であると共に、（また）どこまでも（全体で一つのシステムを作って）一である、すなわち、空間的

（に配置された多数の物が、時間的に力を及ぼし合ってその配置を変えてゆく事で、空間的）であると共に時間的である所に、働くということが考えられるのである、すなわち（空間・時間的な）力の（支配する）世界が考えられるのである。かかる意味において、それ自身によって有り、それ自身によって働く絶対的実在の世界は、どこまでも（一面から見れば）多が多なると共に（他の一面から見れば）一が一である、多と一との絶対矛盾的自己同一の世界でなければならない。（188:5-11）

註：絶対的実在の世界は、表（外）から見れば（個物の集合として）個物的多であり、裏（内）から見れば（力に支配された）全体的一なる、表（外）と裏（内）の絶対矛盾的自己同一の世界なのである、と言えよう。例えば、「太陽系」という一つのシステムを考えて見よ。

かかる（矛盾的自己同一の）世界においては、個物がどこまでも自己肯定的に個物的であるということが、自己否定的に、世界が全体的一として一であるということであり、世界がどこまでも自己肯定的に一であるということは、また自己否定的に、どこまでも個物が個物的であるということである。（188:11-14）

註：（矛盾的自己同一の）世界においては、個物が主題である時には、全体的一は背後に隠れ、全体的一が主題である時には、個物は背後に隠れる。それは丁度、図〈アヒル／ウサギ〉は、アヒルが主題である時にはアヒルに見えて、ウサギは背後に隠れる、そして、ウサギが主題である時にはウサギに見えて、アヒルは背後に隠れる、というのと同じである。

かかる（矛盾的自己同一の）世界は、（全体論が言うように、）全体的一に於いて自己自身を有《も》つということもできないし、（原子論が言うように）個物的多に於いて自己自身を有つということもできない。（それは、全体的一と個物的多の）矛盾的自己同一に於いて自己自身を有つのである。 (188:14-189:1)

註：「有《も》つ」は、西田独特の言い方であり、敢えて言い替えはしない。

（矛盾的自己同一の世界は）矛盾的自己同一に於いて自己自身を有つ、ということは、表現するもの（――「矛盾的自己同一」という自己表現――）と（それによって表現）せられるもの（――「矛盾的自己同一」の世界」――）とが一であるということである。それは自己表現に於いて自己を有つ、自覚的であるということであるのである。 (189:2-3)

（世界は、「矛盾的自己同一」という自己表現に於いて自己を有つ、即ち、）世界が自己表現的（である）ということは、科学者に（は）理解し難いかも知れないが、（実は）科学者はいつもかかる仮定の下に仕事（を）しているのである。科学者は、実験において、世界が我々の意識を通じて、自己自身を表現するものとして、事実と事実との関係を或る表現的形式によって表現するのである。これが科学的法則というものである。それぞれの科学はそれぞれの表現形式を有つ。例えば、物理学においては、それが数学的表現形式である。その表現が世界そのものの自己表現なるかぎり、真である。我々の自己は世界の個物として（あり）、我々の意識は、言わば世界が自己自身を映す鏡の如きもの（なの）である。（189:9-14）

西田幾多郎「論理と数理」から

――西田は、カント学徒でもヘーゲル学徒でもない

私は、論理というものは、実在の自己表現の形式と考える。実在という（も）のは、それ自身によって有り、それ自身によって動くものである。それ自身によって有り、それ自身によって動くもの（実在）は、多と一との矛盾的自己同一に於いて自己自身を有つものでなければならない。それ（実在）は、（原子論が主張するように、個物的）多に於いて基底を有つこともできない（し）、（全体論が主張するように、全体的）一に於いて基底を有つこともできない。斯くの如く、（個物的）多と（全体的）一との矛盾的自己同一に於いて自己自身を有つものは、（個物的多と全体的一の矛盾的自己同一に於いて）

自己自身を表現するものである、（斯くの如き）自己表現に於いて自己を有つものである。（したがって、「個物的多と全体的一の矛盾的自己同一」が、実在の自己表現の形式である。即ち、実在の論理なのである。）（自己が）自己表現に於いて自己を有つ、ということは、（表現が）表現するものが表現せられるものである、（考えが）考えるものが考えられるものである、（鏡が）映すものが映されるものである、ということである、一言に（して言えば、実在とは実在の）自覚（に於いて自覚されるもの）ということである。私はすべて実在するものは、かかる形式（自覚）に於いて（自覚されるもので）あると言った。歴史的世界というものが、かかる形式に於いて最も具体的なるものである。（歴史とは、実在の自覚に於いて自覚されるものなのである。それ以外に、「歴史」なるものは存在しない。）

(236:3-11)

（形相と質料を有する）一つのものが（、同じく、形相と質料を有する）他（なるもの）を表現するということは、（質料についてはいざ知らず、）（その）二つのものの（形相の）間に（は）恒常的な規則的関係（——具体的には、例えば、数学的な関数関係——）が成立する（、という）ことである（ライプニッツ）。両者の間にかかる関係（表現するという関係）が成立するには、（先ずは）一方（表現されるもの）が自己の形相によって、他（方の質料）を質料として、これを形作る（それに自己の形相を基にして、恒常的な規則的関係によって、一定の形相を与える）ということがなければならない。故に、自己自身を表現するということは、（自己を）形作るもの（自己の表現）が（自己によって）形作られるものであり、（中略）形が（その形の表現によって）形自身を形作るということでなければならない。（中略）実在的世界の根柢に、主語的論理的に基底的なるもの（原子のようなもの）を考える人には、理解せられないかも知らぬが、それ自身によって有り、それ自身によって動く世界（実在の世界）は、斯くあらねばならない。故に私は、世界は自己自身を映す（表現する）ことから成立する、と考えるのである。（236:11-237:4）

註：この段落は、理解し難いかもしれない。私は、こう考えたらよい、と思う。平面上に二つの座標系を考えて、一方の座標系上の点を（x,y）、他方の座標系上の点を（X,Y）で表す。両者の間には、前者を独立変数、後者を従属変数として、一定の関数関係がある。そして、その関数関係は、例えば、前者が正方形の図上を動くとき、後者は円を描く、というものである。この想定のもとでは、「正方形」が表現されるもの、「円」が表現するもの、である。ここで大切なことは、表現されるものと表現するものが同型である必要はない、ということである。両者の間には、一定の対応関係があればよい。ここにあるのは、数学における「写像」という考えである。

世界は自己自身を映す、自己自身を表現する所に、自己を有ち、自己自身を限定する形として、自己を形成し行く。此に世界は自覚的である。我々の知識とは、かかる世界の自覚である、世界の自己表現である。論理とは、かかる世界の自己表現の形式、自覚の形式にほかならない。論理を我々の主観的自己の思惟の形式と考える人には、かかる言は驚かれるであろう。(238:1-4)

まずいつもの如く古典的なライプニッツのモナドロジー(単子論)を手がかりとしよう。モナド(単子)は、宇宙の永久(的)な活きた鏡であると共に、それは、各々の異なった視点から見た唯一の宇宙の様々の眺望にほかならない、と言う。これは私が、個物は、世界を表現すると共に、逆に世界の自己表現の一視点である、配景の一中心である、と言うに斉しい。しかしライプニッツにおいては、個物的多というものが実体的となっているが、私はどこまでも全体的一と個物的多との矛盾的自己同一の立場に立つものである。(239:14-240:3)

註:西田哲学は、ライプニッツの単子論を、その「個物的多の実体論」から、「個物的多と全体的一の矛盾的自己同一論」へと軌道修正したものである、と見ることができるであろう。その意味では、西田哲学はライプニッツの単子論の「批判的継承」である、と見ることもできよう。

私は是において新たなる認識論を企図せざるを得ない。私の立場は、カントの認識論の立場の対蹠である、その裏返しである、(カントの認識論は、それまでの認識論の――天動説から地動説へのような――コペルニクス的転回と言われるが、その)コペルニクス的転回の（もう一回のコペルニクス的）転回である。理から事へ、でなくして、事から理へ、である。普通には、事実は非体系的と考えられる、非合理的と考えられる。カント学派では、与えられた（もの——所与——は）雑多（である）とも言う。しかし私は、そういうもの（雑多なもの）は事実と（は）考えない。そういうもの（雑多なもの）の結合によって、知識が客観性を得るはずはない。私は、事実は（それ自体としては）非体系的とか非合理的とか（であると）、考えるので（は）ない。逆に、（多と一との矛盾的自己同一によって）自己自身を限定する事実が、合理的と考えるのである。事実をして事実たらしめる所の認識形式というものは、多と一との矛盾的自己同一的に世界が世界自身を映すという所にあるのである。それ（認識形式）は、それ自身によって有る実在の自己表現の形式である。かかる世界（の）自覚の形式として、論理の形式というものが現れるのである。

(244:6-13)

デカルトの立場は（、「我思う、故に、我あり」の我（個物）の実在を出発点としているところの、）主語的論理的（なるもの）であり、且つ心理的臭気を脱していない。（これに対し）私（の立場）は、自己自身を映す世界の自己限定として、直観（的）と言うのである。何となれば、そこ（世界）に（於いては）自己が自己を（直観的に）知るが故である。故に私は、私の論理を場所的と言う。場所とは、多と一との矛盾的自己同一として、世界が自己に於いて自己を映すところの、世界の自己限定の形式を意味するにほかならない。(中略) 私の「場所」というのは、すべての知識(の) 成立の根本的形式として、「絶対現在」とか「歴史的空間」とかと言うべきものである。(中略) それ(場所)は、論理的に多と一との矛盾的自己同一として、自己自身を映す「弁証法的空間」とも言うべきものである。私はかつてこれを「弁証法的一般者」とも言った。しかし私の「場所」と言うものは、(上から一切を包む) 絶対無の場所として、単に(下からの) 過程的なる(ヘーゲルの) 弁証法に対しては、これを包むという意義を有っているのである。そこに(おいては) 私の弁証法(「絶対弁証法」) は、ヘーゲルのそれと(は) 逆の立場に(も) 立つのであり、(仏教的である)。(ヘーゲルの弁証法が「衆生からの弁証法」であるとすれば、「西田哲学」の弁証法は、「衆生からの弁証法と仏からの弁証法の矛盾的自己同一の弁証法」ということになるのである。) (247:7-248:1)

ポアンカレは、次の如く言う(『科学と方法』)。「数学において、公理論というものが完全に成功したとしても、カント学徒は沈黙せねばならないであろうか。数学的思索を空虚なる形式に還元することは、その思索の手足をもぐことであり、またたとえ、定理が若干の公理を論理的に結合することによって演繹せられ、その公理というものが単なる規約に過ぎないとしても、哲学者にはなおその規約の起源を究め、何故にその規約が反対の規約に優るものと断定せられたかを訊ねる権利が残っているはずであろう」と。私は、カント学徒ではない。また数学には全然門外漢である。専門家の公理主義と直観主義の論争に容喙《ようかい》する資格を有ったものではない。しかし哲学者には、（なお）哲学の問題があろうと思う。数の世界とは、いかなるものであろうか。

（259:13-260:4）

ところで、この第二巻の編集者であり解説者でもある野家啓一は、巻末にある「解説」において、こう言っている。

戦前の日本において、西田が数学基礎論の一次文献を丹念に渉猟しながら、困難な問題に正面から取り組んだ功績は十二分に評価されねばならない。そこから得られた結果は、むしろ数学の哲学の上での孤立した「変則事例」として、ウィトゲンシュタインの数学論などと比較されるべきものである。「根源的規約主義」の立場からするウィトゲンシュタインの考察は、行為的直観を基礎に置く西田の議論と、合致はしないまでも鋭く交差している。その限りでなら、西田の数学の哲学は、今日でも検討に値する多くの刺激的な論点を含んでいるのである。そのような帰結をもたらした理由の一班は、西田の行為的直観の概念が、身体を媒介とした技術的実践に基礎を置いていることにある。したがって、それを数学的概念の構成にそのまま適用することには、はなから無理があったと言わざるを得ない。逆に言えば、行為的直観の概念は、実験科学である物理学の哲学的考察においてこそ、大きな力を発揮するのである。

(469:8-17)

私見によれば、「西田哲学」における数学論は、もともと数学の「基礎論」ではなく、数学の「現象論」であったのだ。西田幾多郎は、数学という営為を、時間的・空間的世界における「行為的直観」として見ていた。この点を鋭く突いたのが、末綱恕一であった。解析的整数論で業績を上げていた数学者末綱恕一は、「無限」を背景にした学である数学を、「行為的直観」に基づいて理解しようとしたのである。

末綱恕一『数理と論理』から——総ての数は矛盾的自己同一である

西田幾多郎が逝去した二年後の一九四七年に、解析的整数論で業績を上げていた東京大学教授の末綱恕一は、それまでに発表していた小論をまとめて、弘文堂書店の「教養文庫」から、『数理と論理』という小さな本を出版した。かつて西田は、末綱が出版していた『数学と数学史』という本を高く評価していて、両者の間には文通があった。『西田幾多郎書簡集』（藤田正勝編、岩波文庫、二〇二〇）には、西田から末綱に宛てた一一通の書簡が収められている。

ここでは末綱の『数理と論理』から、行為的直観と矛盾的自己同一に関わる部分を抜き書きしてみたい。それは、それらについての大変優れた解説になっている。

今個物が集まって一つの全体を形成し、それ等の個物がそれぞれ独立のものでありながら、根源に帰れば一般者となって全体を表現し、その個物的多と全体的一とが矛盾的自己同一をなすと考えられるような場合には、西田哲学に於ける如く、その全体を場所と呼ぶことにする。実数全体の連続体は（中略）、一つの場所をなすと見做される。集合というのは、その要素となる個物がすべて十分確定的に規定されたところの場所である、と定義しよう。（10:9-14）

全数学の基礎が自然数（1、2、3、……）にあることは、殊更に言うまでもないであろう。一般の場所とか集合とかいうものを考える場合にも、自然数のことがその根底にあるのである。この自然数の根底となるのが数1である。1というものに関する論議は、ギリシア以来絶えないのであるが、我々がここで特に注意して置きたいことは、数1は、他の数（自然数）に対して存在することである。（2、3、4、……が無ければ、1もない。）元来個物は、独自のものでありながら、単独には個物とも言えないのであって、幾つもの個物が相寄り相集まって働くところに、個物の意義が存するのである。（「独自」とは、他に対して独自なのであって、他がなくては、即ち、単独では、独自もないのである。）それ等の個物を単に思惟された或るものと見做すとき、数1が出来る。（そして、）数1が集まって、他の自然数が形成される。（11:3-10）

先ず、1に1を加えたところ（中略）（に）2ができ、次に、2に1を加えたところ

（中略）（に）3ができ、次第にかくの如くにして、或る数（自然数）xに至り、次に、その或る数xに1を加えて$x+1$が出来る。（かくの如くにして、）常に新たに1を加えるという働き（行為）が、（自然数形成の）基礎になっているのである。しかし、単に（新たに）1を加えるという（事）だけでは、まだ新たな数は形成されないのであって、（最後に新たに）1を加えたところの（それまでの）全体を、同時的空間的に直観する、（という）ことがなければならない。新たな数が形成されるには、このような行為的直観（――それは、行為的という点では時間的であり、全体を同時的空間的に直観する、という点では空間的である――）が根底にある（のである）。

(11:10-12:1)

或る数xに1を加える、という行為は、最初の1からxに至るまでの「1を加える」という行為の歴史を背景に、行われる。そして、その行為が行われれば、今度はその「1を加える」という行為の歴史に、新たな一頁としてつけ加えられ、ここに、「$x+1$」という数（自然数）が、その行為の歴史の尖端として、形成されるのである。これが、自然数の形成の論理である。したがって、自然数というものは、過去の歴史を背負い未来を見据えている「歴史的存在」なのである。

したがって、自然数には二つの顔があることになる。例えば、「5」には、最初の1から数えて「5番目」、という時間的な顔（時間に於いてある顔）と、同時にその背後には、最初の1も含めて1が「5つ」並んである、という空間的な顔（無時間的な顔）と、である。前者の意味での数を「序数」、後者の意味での数を「基数」という。我々が、日常生活で数を用いるときには、それはかならず、「序数」としてか「基数」としてか、である。しかし数学で扱われる数は、そのいずれでもない。実は、数学で扱われる「数」は、序数でもなく、基数でもないが、しかしまたそれは、序数でもありうるし、基数でもありうるのである。それは、そのような超越的存在なのである。数学で扱われる「数」は、序数と基数の矛盾的自己同一なるものなのである。末綱自身、似たような文脈において、こう言っている。

総ての数は、それ自身矛盾的自己同一的存在なのである。（12:9）

西田幾多郎「末綱恕一宛ての書簡」から——場所こそ我々の存在の地平

西田幾多郎は、一九四四年（昭和一九年）八月一六日、鎌倉より末綱恕一宛てにかなり長い一通の手紙を出している。「場所」とは何か、という事についてである。おそらく、末綱からの質問に答えたものであろう。以下は、その一部の抜粋である。難解であるので、その都度、註を入れる。

場所というのは「個物的多と全体的一との矛盾的自己同一として全体が全体自身を映す」と云うことであり、従来の論理の Allgemeines（一般者）とは異なり、個物的多を（も）含んで居るので御座います。

(245:10-13)

註：「個物」とは、他に対して自己を区別できる、個性的な個、というものであり、従ってそれは、「名前を有するもの」ということができる。例えば、鉛筆1ダースの箱がある。この場合、中に入っている一二本の鉛筆は、それぞれに無個性であり、したがって、個物ではない。しかし、その一本一本の一部を削って、1、2、3、……と番号を書き込めば、それが名前となって、それら一二本の鉛筆は、一二の個物となる。これが、「個物的多」である。そして、それら一二個の個物（鉛筆）をもとの一ダースの箱に入れれば、その一ダースの箱が、今度は「全体的一」となる。かくしてここに、「個物的多」でもあり「全体的一」でもあるあるもの、即ち、「矛盾的自己同一」なるあるもの、が生まれたことになる。そして、この「矛盾的自己同一」なるあるものは、「全体的一」として「個物的多」を映し、「個物的多」として「全体的一」を映す、即ち、「全体が全体自身を

映す」のである。このような「矛盾的自己同一」なるあるものを、「場所」というのである。それは、「個物的多」が於いてある場所であり、同時に、「全体的一」が於いてある場所なのである。そうは言ってもそれ（「場所」）は、従来の論理学で言われているところの「一般者」とか「普遍」とかいうものとは、違う。それらは、「個物」に対して言われるものなのである。

全体的一と個物的多との矛盾的自己同一と云うことは、行為的直観ということになるのでしょう。映すものと映されるものとの一なることが、直観でありそれが即場所的限定ということであるとおもいます。

註：一つ一つ順に「数える」という時間的な「個別的多」の行為は、同時に一挙に俯瞰して、空間的に「全体的一」として直観されているのであり、そこにおいては、「個物的多」と「全体的一」の「矛盾的自己同一」が、行為において直観されているのである。「全体的一」という「個別的多」を映すものと、「個物的多」という「全体的一」を映すものとが、「矛盾的自己同一」として一なることが、即ち、「直観」であり、その直観が、即ち、「場所的限定」ということなのである。　（246:5-7）

場所の概念を理解するには、（その要点は、）個物概念の自己矛盾ということを深く考えることにあると存じます。場所は、個物の Allgemeines（一般者）という意味を（も）有って居るのです。

註：「個物概念の自己矛盾」とは、「個物」は「歴史から作られるが、歴史を作る」という、個物の本質のことである。これは、「我々は、必然であるが、自由である」（ヘーゲル）とか、「我々は、被投されるが、投企する」（ハイデガー）とかいう思想と、同一線上にある思想である。　（247:6-7）

続いて、九月六日と九月一〇日にも、西田は末綱に手紙を出している。末綱からの手紙への返信である。二番目の手紙から、一部を抜粋する。

私の「場所」というのは、元来、普通の特殊（に対して）の一般者と（は）異なって、無数な個物（に対して）の一般者という意味のものです。故にそれは、個物的多と全体的一との矛盾的自己同一という性質ものであり、もとより、Operation（操作）を含んだものです。自己自身を形成する歴史的世界（即ち、我々のプラクシスの世界）の論理的形をいうのです。Operation を導入すると云うのではなく、場所の自己限定からそれが出てくる筈です。私の「場所」では、群論の様に、Elemente（要素）と Operation（演算）とはいつも離れてないのです。抽象的に、離れたものを合わせてゆくのではない。私の考えが「群論的ではないか」と云われるのは、その通りと思います。

(248:5-11)

このようであるとすれば、我々個物は、個物的多に於いてあり、同時に、全体的一に於いてあるのであって、即ち、個物的多と全体的一の矛盾的自己同一に於いてあるのであって、したがって我々個物は、場所に於いてあるのである。場所こそ、我々の存在の地平なのである。ここに、西田幾多郎云うところの「場所」の意味がある。

西田幾多郎「山内得立宛ての書簡」から——「矛盾的自己同一」なる神

以下は、西田幾多郎が、一九四三年（昭和一八年）に、西田の最初期の弟子の一人である山内得立に宛てた書簡からの引用である。矛盾的自己同一についての一つの理解の仕方として、大いに参考になると思う。

個物的多と全体的一との矛盾的自己同一、即ち、断絶の連続から、私と汝とは個物的多の相互関係として考えられるのである。「絶対矛盾的自己同一」というものが「神」であり、神を媒介として、私と汝との関係、非連続の連続が考えられるのである。

(223:5-8)

註：一本の真っ黒な直線を考える。それは、実数の直線である。すべての実数は、その上の何処かに位置している。そして、何処にも隙間はない。その上の何処をとっても、そこにはある実数が対応しているのだ。これが「真っ黒な」という事の意味である。このイメージのもとでは、その実数の直線は、個々の実数を「個物」とみな

して、「個物的多」であり、しかも「全体的一」である、即ち、「個物的多と全体的一との矛盾的自己同一」なのである。ここで、その実数の直線上に一点をとると、「点」には長さが無いのであるから、それは、その実数の直線の切断面（切り口）ということになる。それが、ここでは「断絶」と言われているものである。そして、私と汝との関係は、（実数としての）個物の相互関係として、考えられるのである。此処に於ける（個物的多と全体的一の）矛盾的自己同一が「神」であり、神を媒介として、私と汝の関係は、非連続の連続として、考えられるのである。それは丁度、二つの実数の関係は、実数の直線上においては、離れているから「非連続」であるが、連続直線によって繋がっているから「連続」しているのと同じである。ここで注意すべきは、個物的多と全体的一において矛盾的に自己同一なるものが「神」なのであって、全体的一が「神」なのではない、ということである。

Ⅶ　いま一つの「矛盾的自己同一」

――「行為的直観」とは何か

はじめに――行為と直観の矛盾的自己同一

西田哲学には、二つの鍵概念がある。言わずと知れた「矛盾的自己同一」と「行為的直観」である。前者は形而上学の概念であり、後者は行為論ないしは認識論の概念である。私にとっては、「矛盾的自己同一」は明瞭であるが、「行為的直観」の方には、いくらか曖昧なところがあるように思える。それで私は、私なりに整理して、私はこう理解するという形で「行為的直観」を示して見ようと思う。それは、「行為」と「直観」の即ち「行なう」と「見る」の矛盾的自己同一として、更には、「時間的なるもの」と「空間的なるもの」の矛盾的自己同一として、「行為的直観」を理解しようとするものであり、したがってそれは、「矛盾的自己同一」についての小論の一つとして、ここに加えることは許されるであろう。

西田幾多郎は、一九三七年に「行為的直観」という論文を発表しているが、実はその同じ年、「論理と生命」という長大な論文においても、行為的直観について大いに言及している。

序論――末綱恕一の「行為的直観」

この小論の「序論」として、先に用いた末綱恕一の小著『数理と論理』から、一文を引く。少し複雑で難解かもしれないが、行為的直観の本質をよくついていると思われるので、注意深く読んでほしい。

我々の具体的認識を省察してみると、その根底に、この世界に於いてある何かを我々が現実に認識するという、一つの事実がある。これから抽象して、認識主体としての我々自身と、認識対象としての或るものと、主観が対象に作用して（行為して、その結果から、何らかの）認識を齎す働き（反作用）とが、区別されて来る。しかしここでただ働き（反作用）ばかりではまだ認識になる筈はないのであって、認識の成立には、時間的・過程的な働き（反作用）を同時的・空間的に綜合して見るということがなければならない。かくの如く働くこと（反作用）によって見るところに、我々の認識が成立するのである。これが我々の認識の根底に行為的直観があるという西田哲学の主張の意味に外ならない。従来の認識論に於いては、具体的認識の根底にある空間的と時間的との両面が正しく把握されていない。（中略）具体的認識の根底に厳存する（時間的・空間的なる）行為的直観を明らかにして、其処にある時間的なるものと空間的なるものとの矛盾的自己同一を把握する（ところ）に、我々の認識の成立を闡明するところの西田哲学の論理（がある）。

（41:8-42:5）

本論——時間的行為と空間的直観の矛盾的自己同一

一例を挙げる。試験管に液体が入っている。私は、それが酸性かアルカリ性かを認識したい。そこで私は、その液体にリトマス試験紙を入れて、引き上げてみたら、赤くなっていた。それで私は、その液体は酸性である、と認識した。

ここで行われたことは、私は液体にリトマス試験紙を入れて引き上げた、という行為(作用)をし、そして、そのリトマス試験紙は赤くなっていた、というその反応(反作用)を確認し、それによって、液体は酸性である、という事実を認識した、ということである。即ち、ここには、行為(作用)・反応(反作用)の確認・事実の認識、という三段階があるのである。そしてこれは、全く「実験の論理」ではないのか。西田幾多郎の認識論である「行為的直観」は、実は、実験の論理であったのだ。そしてそれは、(特殊)相対性理論の根底にある「アインシュタインの哲学」そのものであり、それを明確な形に定式化したブリッジマン言うところの「操作主義」そのものであったのだ。西田幾多郎がアインシュタインに非常な関心を有し、ブリッジマンの主著二冊 *The Logic of Modern Physics*(『現代物理学の論理』)と *The Nature of Physical Theory*(『物理学の理論の本質』)をよく読んでいたことは、全く自然なことであった。

註：アインシュタインは、ニュートンのように、時間の経過は客観的で絶対的なものである、とは考えない。アインシュタインによれば、「時間がコレダケ経過した」ということは、「時計の針がコレダケ経過した」ということなのである。そしてそれは、時計の針の動きを観測することによって、明らかになる。したがって、例えば、「運動物体における時間の経過」を知ろうとすれば、我々は、その運動物体に時計を載せて、「その針の動き」を外から観測すればよいのである。そして、アインシュタインの「相対性理論」によれば、その針の動きは、観測者の手もとにある時計の針の動きよりも遅いのである。即ち、運動物体に於いては、時の流れは遅くなるのである。（Ⅴを参照）この様に、事実というものは、観測とか計測とかいう操作によって決まるのであって、そのような操作抜きで、客観的にあるものではない。この思想――「事実の操作依存性（負荷性）」の思想――が「操作主義」と言われる思想である。

以下は、西田幾多郎が、『西田哲学選集』第二巻所載の「経験科学」という論文で行っているところの、ブリッジマンの「操作主義」についての解説である。念の為、記しておく。

私は私の立場から経験科学というものを論じてみようと思う。私は科学的経験というのも、私のいわゆる行為的直観と考えるのである。物理学的知識とは、如何なるものであるか。物理学者ならざる私は、私の考えを裏書きすると思われるブリッジマンによって、これを論じてみよう。

(61:3-5)

ブリッジマンによれば、物理学の根本概念はすべて操作的operationalである、と言うのである。この事は、アインシュタインの特殊相対性の原理から明らかとなった。(それによると、)物理的概念と言うも、現実の世界に於いての行動的自己(観測者)の物理的操作を意味するものにほかならない(のである)。しかるに、従来、それ(物理的概念)が操作を離れて、物そのものの性質であるかの如くに考えられていた。(例えば、物の長さ、がそうである。そしてまた、)物理学者の時というのは、物理現象から独立に、ただ一様に流れる、いわゆる絶体時という如きもの(と考えられていた。しかし、実はそう)ではない。それ(時)は、物理的操作によって数えられる時でなければならない(のである)。物理学の方程式の中に変数として入って来る時とは、時計によって数えられる時であるのである。従来無造作に同時と考えられたことは、実は物理的操作の複雑な手続きを含んでいるのである。同時というのは、二つの出来事の性質ではなくして、観察的体系(座標系)に相対的なのである。アインシュタインは、具体的な場合に於いて用いられる物理的操作を分析することによって、その(物理的概念の)真の意義を見出した。彼は自覚的であったか如何かは知らない。しかしとにかく、それによって、物理的操作のみが物理的概念に意味を与えるものなることが示唆せられたのである。物理的操作の可能(性)を越えない範囲に於いては、理論は要するに現実に於いて行われた物理的操作の記載という（事）に帰するのである。その限り、それはどこまでも矛盾に陥らない。斯くして構成せられた根本的物理的概念は、どこまでも改正を要せない。新しい経験に従って、それを広げて行けばよい。しかるに物理的概念が、絶体時の定義の如く、物理的操作を離れて物の性質の如く考えられ、ただ観念的操作によって内容付けられる時、それは経験と一致せないということが起こって来るのである。無論、物理学者は現実に行われた物理的操作の記載に止まるというのでなく、物の性質を予想して概念を構成する。そしてそれを実験に問う。それは極めて必要なことである。しかしそれもどこまでも操作的意義を有たなければならない。全然操作的意義を有たないものは、物理学上問題とならない。例えば、世界の大いさが絶えず変じつつあるとしても、（その場合は、）尺度も同じく変じつつあるから、それを知る方法はない。（したがって、）かかる問題は無意義である。

（61:8-62:13）

ここで、先に引いた末綱恕一の文章を、再び読んでいただきたい。中ほどにこうある。

しかしここでただ働き（反作用）ばかりではまだ認識になる筈はないのであって、認識の成立には、時間的・過程的な働き（反作用）を同時的・空間的に綜合して見るということがなければならない。かくの如く働くこと（反作用）によって見るところに、我々の認識が成立するのである。これが我々の認識の根底に（時間的・空間的なる）行為的直観があるという西田哲学の主張の意味に外ならない。

ここにおける、「時間的・過程的な働き（反作用）を同時的・空間的に綜合して見る」とは如何なる事か。先の例で言えば、前者は、「時々刻々の時間経過を経て、最後に確認された反応（赤変）」であり、後者は、「その全体を超越的に、一挙に、同時的に、無時間的に、綜合して見る」ということである。一口で言えば、前者は「時間的」であり、後者は「空間的」である。そして、この後者こそ、まさに「直観」と言われるものではないのか。そうであるとすれば、先の例こそ、まさに「行為的直観」と言われるにふさわしい。そしてそれは、時々刻々の地を這う時間的な行為と、超越的展望的な上からの空間的な直観の「矛盾的自己同一」なのである。我々はここに、いま一つの「矛盾的自己同一」を見つけたのである。

Ⅷ　「矛盾的自己同一」でないものとあるもの

――「ハイブリッド」と「相補性」

かつて、ルース・ベネディクトの『菊と刀』という本（翻訳）が出版された。「日本文化の型」という副題がついていて、話題になった。私も読んで、感銘を受けた。その主題の一つに、〈「恥の文化」と「罪の文化」〉というのがあった。日本の文化は「恥の文化」であるのに対し、西欧の文化は「罪の文化」である、というのである。日本人は、他人の目を気にし、恥をかかないように行動するのに対し、西欧の人は、神の目を気にして、罪にならないように行動する、というのである。なるほど、そう言われれば、そうかもしれない。しかし、今ここでの問題は、文化人類学の問題ではない。ここで私が問題にしたいのは、「恥の文化」と「罪の文化」は矛盾的自己同一か、ということである。そして、その答えは勿論、「そうではない」ということである。これまでの議論を振り返れば明らかであると思うが、AとBが矛盾的自己同一である、というのは、AとBが、ある一つのものの二面である、というとき、なのである。典型的な例は、序数と基数である。数学で扱われる数は、序数でも基数でもない。しかし、数が具体的場面で使われる時には、それは、「序数」として現れるか、「基数」として現れるか、のいずれか、なのである。したがって、序数と基数は、数学で扱われる抽象的な「数」の二様の現れ――二つの顔――なのである。この様な場合、序数と基数は矛盾的自己同一である、あるいは、そのもととなっている抽象的な「数」なるものは、矛盾的自己同一（なるもの）である、という。しかし、「恥の文化」と「罪の文化」には、そのもととなっている文化があるわけではないのである。すでに述べたことであるが、似た例を我々は、ヨーロッパ文化における「アポロ的なるもの」と「ディオニュソス的なるもの」の二要素に、見ることができる。しかしそれは、歴史的事実であって、論理的事実ではない。「アポロ的なるもの」なくして「ディオニュソス的なるもの」があり得るし、その逆もあり得るのである。したがってこの両者は、矛盾的自己同一ではない。これに対し、先にも言ったことであるが、神は「限りなく遠く」且つ「限りなく近い」ということは、神の本質に関わる論理的事実であって、歴史的事実ではない。したがって、神に於ける「限りなく遠い」ということと「限りなく近い」ということとは、矛盾的自己同一であって、その意味では、神は「矛盾的自己同一」なるものなのである。端的に言って、神は矛盾的自己同一なのである。一口で言って、神は自己矛盾なのである。そして我々個物も、そう言われる根拠は違うけれども、既に述べた如く、自己矛盾なのである。

ついでに一言。歯には、破骨細胞と骨芽細胞がある。前者によって歯を削り、後者によってそこを埋める。そして、そのようにして歯は新陳代謝するという。この場合、両者は、矛盾的自己同一ではない。両者は、その作用においては矛盾しているが、同一なるものではないから、である。ある細胞Xがあり、それがある場面では「破骨細胞」として働き、ある別の場面では「骨芽細胞」として働くとすれば、破骨細胞と骨芽細胞は矛盾的自己同一であり、その細胞Xは「矛盾的自己同一」なるものと言えると思うけれども。

ついでに、もう一言。料理で甘みを引き立たせるためには、「砂糖」に少量の「塩」を加えるとよい、という。この場合、「砂糖」と「塩」は、その料理の二つの成分――要素――であって、矛盾はしているが、自己同一ではない。論理的には、どちらか一方だけでもよいのであるから。その味は、言わば「砂糖・塩」(甘辛)といった一つの雑種にすぎない。

更に、もう一言。量子力学においては、素粒子には、例えば「電子」には、粒子性と波動性という二つの性質がある、という。これは、「電子」なるものは、「粒子のようでもあり、波動のようでもある」というのではなく、「ある場面では全く「粒子」として振る舞い、ある別の場面では全く「波動」として振る舞う」、というのである。この特性を「相補性」という。これは、前期量子論を展開し、量子力学への道を切り開いたニールス・ボーアが導入したところの、量子力学における基本的理念である。そして、これは丁度、図〈アヒル／ウサギ〉は、「図〈アヒル〉のようでもあり、図〈ウサギ〉のようでもある」というのではなく、「ある場面では全く図〈アヒル〉であり、ある別の場面では全く図〈ウサギ〉である」、という事と全く同じなのである。そうであるとすれば、量子力学で言うところの、電子における「粒子性」と「波動性」の相補性なるものは、西田幾多郎に言わせれば、電子における「粒子性」と「波動性」の矛盾的自己同一性である、ということになる。

実は西田は、『西田哲学選集』第二巻（燈影舎）所収の論文「知識の客観性について」において、こう言っている。

今日の物理学者が相補性と言うものは、私のいわゆる個物的多と全体的一との矛盾的自己同一ということでなければならない。（178:16-17）

しかしこれは、「相補性」という概念を極めて広くとった場合の話であって、普通、量子力学で言うところの「相補性」は、一つの素粒子——強いて言えば一つの個物——についての、両立しない二つの性質についての話であって、ここで西田が思い描いているような「個物的多と全体的一」のような場面について、ではない。ここで私は、こう言いたい。西田の思いはそれとして、それとは別に、

量子力学で言うところの「相補性」(complementarity) は、西田哲学で言うところの「矛盾的自己同一」である。そして、その逆も言える。

この事実は、注目に値すると思う。そうであるとすれば、「量子力学」に通暁している物理学者にとっては、西田幾多郎の「矛盾的自己同一」は、哲学者の不合理な寝言であるどころか、無限に深い自然現象を言い表すには不可欠な、全く自然な言い方——「概念」——であることになる。

ここで私は、事のついでに、もう一言追加したい。私は、毎日、「都バス」に乗る。その車体には、大きく「Hybrid」と書かれている。「ハイブリッド」、これは元来は生物学の概念で、「雑種」を意味する。「馬」と「ロバ」の掛け合わせで誕生したのが「ラバ」で

あり、「豚」と「イノシシ」の掛け合わせで誕生したのが「イノブタ」である。そして、その流れで、ガソリンエンジンと電気モーターという異なる動力源の組み合わせで動く車が、「ハイブリッド車」と言われるのである。では、それはそれとして、本来の意味での「ハイブリッド」、即ち、生物学的な意味での「ハイブリッド」で考えて、「ハイブリッド」——雑種——は「矛盾的自己同一」であろうか。

勿論、そうではない。「ラバ」が「ラバ」と言われるのは、ある時は全く「馬」であり、また、ある時は全く「ロバ」であるから、ではなく、常に、「馬」的でもあり、「ロバ」的でもあるから、である。「ラバ」は、常に、部分的に「馬」であり、部分的に「ロバ」なのである。これが、「雑種」ということの意味である。

ここで私は、少し前に、砂糖に塩を少々加えたところの「甘辛」という味覚について言及したことを思い出す。そこでも言ったように、「甘辛」という味覚は、一種の雑種なのである。即ち、それは、「ハイブリッド」なのであって、「矛盾的自己同一」ではないのだ。

IX　もう一つの「矛盾的自己同一」

――「逆対応的」とは何か

西田幾多郎の最後の完成論文「場所的論理と宗教的世界観」には、特に説明もなく、何回も「逆対応的」という言葉が出て来る。では、これは何を意味しているのであろうか。私は、こう理解したい、と思う。

西田幾多郎は、しばしば、大燈国師の「億劫《おくごう》相別れて、須臾《しゅゆ》も離れず、尽日相対して刹那も対せず」（何億年も相別れていて、一瞬も離れず、一日中相対していて、一瞬も対せず）という言葉を引用する。これは、仏（絶対的一）と衆生（個物的多）の関係を言い表したもので、要するに、この両者は「離れて離れず・対して対せず」という矛盾的自己同一の関係にある、というのである。これは勿論、（ある微妙な関係を言い表す）「付かず・離れず」といったものではない。それは、この両者は、ある観点から見れば「矛盾的」であるが、別の観点から見れば「自己同一」である、というのである。したがって、(絶対的一なる)仏と(個物的多なる)衆生(個物)は、「矛盾的自己同一」の関係にある、というのである。そして西田は、特に「仏」と「衆生」の間のそのような関係を、しかも、「仏」から「衆生」への関係を、「逆対応的」と言うのである。

少々難解であるが、一例を挙げてみよう。

神(仏)は、絶対の自己否定として、逆対応的に(矛盾的自己同一的に)(衆生なる)自己自身(個物)に対し、(また、その衆生なる)自己自身(個物)の中に(は神(仏)の)絶対的自己否定を含むものなるが故に、(神(仏)は、超越者としての自己を否定しながら、内在者としての自己を肯定して、衆生なる)自己自身(個物)によってあるものであるのであり、(質料的には)絶対の無なるが故に、(形相的には)絶対の有であるのである。(共に無という事は、論理的にあり得ない。)(而して神(仏)は、)絶対の無にして有なるが故に、能わざる所なく、知らざる所ない、全智全能である。故に私は(仏教的に、)仏あって衆生(個物)あり、衆生(個物)あって仏があるという、(また、キリスト教的には、)創造者と

しての神あって創造物としての世界あり、逆に創造物としての世界あって神があると考えるのである。(328:2-7)

ここで大切なことは、「神(仏)は、超越者としての自己を否定しながら、内在者としての自己を肯定して、」というところである。簡潔にいえば、神には、二つの存在様態がある。個物に対して、「超越的」か「内在的」か、である。そして神は、この二つの「矛盾」した存在様態を、自己否定によって、自在に行き来する。しかしそのいずれの存在様態においても、神が神であることは、失わない。それは丁度、神の「表・裏」のようなもの、である。したがって神は、自己否定によって「超越的神」から「内在的神」になっても、依然として、「内在的神」として自己肯定的なのである。そしてその意味で、神においては、自己否定は、即ち、自己肯定なのである。神は、他に依って無化され得ないのみならず、自らによっても、無化し得ないのである。

ここで一つ、疑問が残る。西田は、何故、「矛盾的自己同一的に」と言えばすむところを、敢えて「逆対応的に」と言ったのか。それは、ここでの働きが「仏」から「衆生」へ、であるからではないのか。衆生にしてみれば、平穏無事に生活している限り、特に「仏」を必要とはしない。しかし、一旦、自己の足場が崩れるような危機に直面すれば、「衆生」

は「仏」に救いを求める。これが先ず起こる「衆生」から「仏」への訴え、働きかけ、ではないのか。そうであるとすれば、これを「衆生」から「仏」への自然な「順対応」とすれば、それに応えての、「仏」から「衆生」への対応は、「逆対応」ということになる。勿論この解釈には、「仏」は、「衆生」からの訴えがなければ、救いの手は差し伸べない、という前提がある。そして、この前提については、別に議論しなければならない。

［余滴5］ライプニッツの機械論――「身体は無限に機械である」

先に引いた『西田哲学選集』第二巻には、「生命」という章があり、そこに、以下の様な興味深い箇所がある。

カップ（Kapp, E.）の言う如く、我々の身体の構造は外から理解せられるのである。機械から理解せられるのである。我々の身体も機械である。実に巧妙なる機械である。しかしライプニッツの言う如く、人間の作った機械は、その各々の部分までも（完全に）機械で（あるわけで）はない。これに反し（生身の）身体はどこまでも機械である、部分の部分までも無限に機械である。（380:1-4）

実に鋭い指摘である、と思う。確かに、我々が作る機械は、その細部の部品――例えば、ネジ――は、もはや機械ではない。それは、一つの金物にすぎない。しかし我々の身体は、「無限に機械」なのである。我々の生身の身体は、その究極の部品として、動いて止まない「素粒子」を想定した「無限に機械である機械」なのである。ここで「無限に機械である機械」を改めて「機械」と定義すれば、即ち、「完全に機械である機械」を改めて「機械」と定義すれば、我々の生身の身体は「機械」であるが、普通一般に言われているいわゆる機械は、「機械」ではない、ということになる。すなわち、機械は「機械」に非ず、生身の身体こそが「機械」である、「量子的な機械」なのである。そしてこの意味で、ライプニッツは「人間機械論者」なのであり、普通一般に「人間機械論者」と言われている人々は、実は「人間機械論者」ではないのである。

さて、科学者は「人間機械論者」か。普通は、そう思われている。しかし、実はそうではない。科学者――医者・生理学者・等々――は、身体を途中までは機械とみなし、そのような機械をモデル（模型）として、身体を理解しようとする。物質の窮極まで、その真実に於いて理解することは不可能であり、また、そこまでする必要はないからである。これが、科学的世界像の現実である。一言で言うと、科学が目指す理解は、「モデル（模型）的理解」なのである。ここに、科学の真実があり、哲学との差異がある。

科学の目指す理解は、その意味で、近似的であり、仮説的である。これに対し、哲学の目指す理解は、真実そのものである。したがって、「科学の目指す理解は、その意味で、近似的であり、仮説的である」という命題は、哲学の命題であり、「科学哲学」と言われる分野に属する。

Ⅹ　付論

（1）「哲学」とは何か——「宗教」とは何か——「道徳」とは何か

以上に於いて私は、西田幾多郎が残していった様々な文献を通じて、特に「西田哲学」の根幹をなす「矛盾的自己同一」という概念を理解しようと努めてきた。この試みが成功しているか否かは、読者諸賢にお任せするより致し方ないが、私としては、それなりの成果はあったと思いたい。それで私は、以上を踏まえて最後に、先ず付論（1）として、「哲学」とは何か、「宗教」とは何か、「道徳」とは何か、ということを考えてみたい。

西田幾多郎は、末綱恕一への書簡のなかで、（Ⅵで引いているように、）

場所の概念を理解するには、（その要点は、）個物概念の自己矛盾ということを深く考えることにあると存じます。

と言っている。ここにおける「個物概念の自己矛盾」とは、例えばさきにも述べたように、「個物」は「歴史から作られるが、歴史を作る」、といったことであると思う。そしてこれは、勿論、形式論理的には、矛盾である。しかし、自分自身を還りみれば明らかなように、これは紛れもない真実ではなかろうか。私という「個物」は、歴史の尖端において、「作られつつ、作るもの」なのである。そして、この私なる個物は、ハイデガー的に言えば、「被投されつつ、投企するもの」なのである。この私なる個物は、この矛盾的自己同一に於いて、存在するのである。この私なる個物がそこに於いて存在する矛盾的自己同一を、西田は「場所」と言い、ハイデガーは「地平」（Horizont）と言った。

では、「哲学」とは何か。私は、端的に言って、

「哲学」とは、「私なる個物が、矛盾的自己同一なる「場所」に於いて、真に現実を把握すること、更には、真実の自己を自覚すること」である

と言いたい。

もちろん、ここには色々と説明が補足されねばならない。先ず「個物」であるが、それは、先にも述べたことであるが、他の個物に対しての「個物」である。個物には、他の個物に対して差異がなければならない、独自性がなければならない。即ち、個性がなければならない、名前を持つことができねばならない。大袈裟に言えば、この世に於いて唯一の「実存」でなければならない。

また「矛盾的自己同一」にも、「作られつつ、作る」とか「被投されつつ、投企する」の他にも、「全体的一と個物的多」という矛盾的自己同一が、重要である。この場合、「全体的一」とは、「個別的多」の存在の基盤として考えられるものであり、「全体論」の思想である。これに対し「個物的多」とは、「全体的一」の存在の基盤として考えられるものであり、「原子論」の思想である。そして西田は、この「全体論」にも組みせず、「原子論」にも組みせず、両者の矛盾的自己同一を存在の基盤とした。西田は、この存在の基盤としての矛盾的自己同一を、「場所」と言ったのである。

さて、「哲学」とは以上の様なものであるとすれば、それは、矛盾的自己同一なる「場所」に於いての事であるから、「矛盾」を絶対的に否定する平面的な形式論理では、考えられない。しかし、ものの「表と裏」「内と外」のように、物事は、視点を変えれば全く違った姿を現すのであって、「矛盾的自己同一」なるものも、視点を変えて、言わば立体的に見れば、そこには何の矛盾もなくなるのである。形式論理的な意味での「矛盾」は、消え去るのである。しかし「視点を変える」ということは、形式論理的に行えるようなものではない。それには、ある種の体験的な飛躍が必要なのである。それは丁度、ウサギを見たことのない人のように、図〈アヒル／ウサギ〉を〈アヒル〉としてしか見えない人が、〈ウサギ〉としても見えるようになるためには、ある種の——例えば、実際にウサギを飼い、ウサギと戯れる、といった事による相貌知覚の能力の飛躍といった——飛躍が必要なのである、というようなものである。これは、おおげさに言って、一種の「転換」であり、「飛躍」であり、「目覚め」である。そして「自覚」とは、一種の「目覚め」ではないのか。そして「哲学」とは、一種の「目覚め」への努力なのである、と思う。それは例えば、「矛盾的自己同一」なる場所において、環境から「作られた自己」（客体的自己・生物的自己）から環境を「作る自己」（主体的自己・行為的自己）への、視点の自己転換への努力ではないのか。これは、「矛盾的」なる場所に於いて、の事であるから、といって、否定される必要はない。ここにおける「矛盾」は、事実がそうなのであるから、そのまま「肯定」されなくてはならない。例えば、個物に於ける「自由と必然」は、形式的には矛盾であるが、事実そうなのであるから、そのまま肯定されなければならない。ここに一種の「目覚め」があるのである。哲学は、この意味での「目覚め」を要求する。それが、「弁証法」の哲学である。したがって、「哲学」とは何か、と言えば、それは、

私なる個物が、矛盾的自己同一なる場所において、矛盾をそのまま肯定しつつ、「真なる現実を把握すること」、更には、「真実の自己に目覚めること」である、

ということになる。ここにおいて我々は、「矛盾律」を否定し、物事を立体的に、多視点的に、見なければならない。即ち、「弁証法的」でなければならない。形式論理が金科玉条とする「矛盾律」に如何に違反していようと、事実を事実として、勇気をもって受け入れなくてはならない。これが、哲学への突破口である。

では「矛盾律」とは何か。矛盾律とは、「「pであり、且つ、pでない」ということはない」ということである。これは記号論理学では、例えば、」(p∧¬p)のように書かれる。具体的には、例えば、「我々は、自由であり、且つ、自由でない、ということはない」というのである。ここで、「自由でない」を「必然である」で置き替えれば、この例は、「我々は、自由であり、且つ、必然である、ということはない」ということになる。そし

て、この置き換えは、決して無理筋ではないであろう。
ところで三木清は、一高在学中、西田の『善の研究』を読んで非常に感激し、京都大学を受験して西田幾多郎に師事し、哲学を生涯の仕事にしようと、決心した。三木のこの決心は、誰に勧められたものでもなく、全く三木自身による彼の自由な意志による決断であった。しかし、彼が持って生まれた資質、彼の育った教育環境、そして、『善の研究』がもっている魅力、等々を勘案すれば、三木が西田の膝下に身を投じたのは、必然の運命であったのではないか。そうだとすれば、三木に於けるこの選択は、自由にして必然、必然にして自由な選択であったのである。ここにおいて、「自由」と「必然」は、決して両立不能ではないのである。この場面においては、「矛盾律」は成立しないのだ。ここで私は、こう思う。西田幾多郎は、どこかでこう言っていないであろうか、と。

「人生は自由と必然の矛盾的自己同一である。」

さて、そうであるとすれば、本来我々は、自由に必然の道を歩んでいることになる。即ち、

人生は「予定調和」だ、

という事になる。西田幾多郎は、久松真一宛ての書簡で、こう言っている。

水は流れ行く所へ流れゆき、事はなる様になってゆく外ないのでしょう。しかし流れゆく水も渦を立てずに（は）流れゆかない如く、これも人生の美しい波紋とも見れば見られるでしょう。（藤田正勝編『西田幾多郎書簡集』岩波文庫、二〇二〇、一〇九頁）

私は、ここに、西田哲学の人生における「効用」を見る。それは、一種の「覚り」である、と言ってもよいと思う、あるいは、「諦観」と言うべきか。何れにせよ、哲学には、そのような「人生観」へと導く力がなくてはならない。そのような哲学こそが、「真の哲学」なのである。

註：「予定調和」とは、ライプニッツ哲学に於ける中心概念であるが、ここでは、以下のような意味で用いられている。
「我々は、予め、最善の人生を歩むように、定められている。」
西田幾多郎は、ライプニッツに対しては、非常に好意的である。

ところで、私が哲学的な問題に目覚めたのは、いつの頃であったのであろうか。中学生の頃であった。ふと私は、「もしも自分が生まれてこなかったとすれば、一体自分は何処にいるのであろうか」と思い、背筋が凍る思いがした。そして、この感覚は、その後もながく続いた。この問いは、自分の性格とか能力とかを問う問いではなく、自己の「存在」そのものを問う問い――自己の「在所」を問う問い――であり、「哲学」の問題であると同時に、優れて「宗教」の問題なのである。では一体、西田幾多郎は、この問題にどう答えたのであろうか。以下において私は、西田の最後の完成論文「場所的論理と宗教的世界観」において、この問いに対する答えを見つけようと思う。そしてそれによって、「哲学」の延長線上にある「宗教」について、触れてみようと思う。

西田は、先ず、こう言い放つ。

> 宗教は心霊上の事実である。(中略)哲学者はこの心霊上の事実を説明せなければならない。(299:7-8)

ここにおける「心霊上の事実」が何であるかは、すぐ後に明らかになるが、私は、「説明せなければならない」は、「記述しなければならない」と言い換える。この言い替えは、西田も了承してくれる、と思う。何故ならば、「説明」とは、結局のところ、より広い文脈の中に於ける「記述」に他ならないのであるから、である。そのようなことよりも、ここで大切なことは、西田は「宗教」を、「信仰」ではなく、端的に「事実」であるとしている事である。したがって西田に於いては、「宗教」において大切な事は、何かを（例えば、神とは仏とかを）信じる「信仰」ではなく、心霊上の「事実」の確認なのである。

では、心霊上の「事実」とは何か。西田は、こう言う。

我々の自己の根底には、何処までも意識的自己（意識に於いてある自己）を越えたものがあるのである。これは我々の自己の自覚的事実である。自己自身の自覚の事実について、深く反省する人は、何人も此処に気付かなければならない。鈴木大拙はこれを「霊性」という（日本的霊性）。而して精神の意志の力は、（この）霊性に裏付けられることによって、自己を超越するといっている。霊性的事実というのは、宗教的ではあるが、神秘的なるものではない。（348:11-15）

西田言うところの「心霊上の事実」とは、大拙言うところの「霊性的事実」なのである。

そして西田は、更に続けて、こう言う。

元来、人が宗教を神秘的と考えること、その事が誤りである。科学的知識というものも、この立場（「霊性的事実」を認める立場）によって基礎付けられるのである。科学的知識は、単に抽象的意識的自己の立場から成立するのではない。

(348:15-349:1)

西田によれば、宗教も科学も、その営為の底には、意識的自己を越えたものがあるのである。西田は、こう言っている。

我々の自己の底には、何処までも自己を越えたものがある。しかもそれは、単に自己に他なるものではない、自己の外にあるものではない。そこに我々の自己の自己矛盾がある。

(349:11-12)

即ち、我々の自己の底には、自己を超越しながら、自己に内在するものがある、と言うのである。そしてこれは、勿論、自己が抱える自己矛盾である。また、こうも言う。

私は、我々の自己の奥底に、何処までも自己を越えて、しかも自己がそこからと考えられるものがある、という。

(353:3-4)

即ち、自己の存在根拠は、自己の奥底に、自己を越えて存在する、と言うのである。また、こうも言う。

宗教的関係というのは、何処までも我々の自己を越えてしかも我々の自己を成立せしめるもの、即ち、何処までも超越的なるとともに我々の自己の根源と考えられるもの（仏）と、逆に、何処までも唯一的に個的に意志的なる自己（個物）との、矛盾的自己同一にあるのである。（364:12-14）

ここで、私はこう思う。個物の成立根拠である仏と、それによって成立する意志的なる個物の、矛盾的自己同一に於いて、即ち、そのような場所に於いて、個物は在るのである。したがって、そのような場所こそが、我なる個物の在所ではないのか。

このような帰結は、いささか「宗教的」ではないのか、そう思われるかもしれない。そこで私は、以下に、西田の一文を引いて、この章を閉めることにする。

我々が歴史的世界から生まれ、歴史的世界において働き、歴史的世界へ死に行く、歴史的実在であるかぎり、我々は宗教的実在でなければならない。我々の自己の成立の根底において、爾《しか》いうことができる。それ自身によってあり、それ自身によって動く（働く）絶対者は、対を絶したものではない。（対を絶しては、働くことができない。）対を絶したものは、（もはや、その上更に、対を絶することができない故に、）絶対ではない。（龍樹の『中論』における「去るものは去らず」の論理。）自己自身の中に絶対的（自己）否定を含む真の絶対者の自己否定即（自己）肯定として、何処までも（個物的）多と（全体的）一との矛盾的自己同一的に、絶対現在の自己限定として、この歴史的世界が成立するのである。我々の自己は、かかる（歴史的）世界の個物的多として、その一々がこの（歴史的）世界を表現するとともに、この（歴史的）世界の自己表現点として、この（歴史的）世界を形成して行くのである。そこに我々の自己の存在があるのである。即ち絶対的一者（仏）の自己否定的肯定として、我々の自己が成立するのである。故に「我々の自己は、（絶対的一者たる仏の）自己否定において自己を有つ。」我々は何処までも宗教的（なの）である。

(379:8-380:3)

ここに私は、自己の在所を見出す。この論理は、少し敷衍して述べれば、以下のようになるであろう。

絶対的一なる「仏」と個物的多なる我々「個物」は、矛盾的自己同一を成している。そして我々個物は、その矛盾的自己同一を「場所」として、存在するのである。我々個物の在所は、と言えば、その矛盾的自己同一なる「場所」なのである。そして、我々の自由なる自己は、仏の自己否定において自己をもつ。しかし、その自由なる自己は、仏の定めた予定調和の道を進んでいるのである。

さて、井筒俊彦は、哲学における事実上の処女作である『神秘哲学——ギリシアの部』(今は、岩波文庫(二〇一九)で読める)において、(前にも引用したが、)その序文をこう書き出している。

神秘主義は、プロティノスの言う如く、「ただ独りなる神の前に、人間がただ独り」立つことによってはじまる。そして「ただ独りなる神」は人間を無限に超絶するところの遠き神であると同時に、人間にとって彼自身の心の奥処よりも更に内密なる近き神である。かぎりなく遠くして而もかぎりなく近い神、怒りの神と愛の神——神的矛盾の秘義を構成する此等両極の間に張り渡された恐るべき緊張の上に、謂わゆる人間の神秘主義的実存が成立する。

(3:2-7)

私は、「西田哲学」が神秘主義だとは全く思わない。しかし、「西田哲学」は、「ただ独りなる神（仏）の前に、人間がただ独り」立つことによってはじまる、と言われれば、それはそうだ、と言いたくなる。何故ならば、西田はしばしば、弥陀の誓願は「親鸞一人がためなりけり」という親鸞の言葉を引用しているから、である。例えば、こうである。

瞬間が永遠であるといわれる如く、我々の自己は、何処までも唯一の個として、一歩一歩逆限定（逆対応）的に、絶対に接するのである。（中略）「弥陀の五劫思惟の願をよくよく案ずれば、ひとえに親鸞一人がためなりけり」というのも、（中略）いわゆる個人という意味ではない。

(362:12-363:2)

親鸞は、人々と共に、一緒に、仏に対したのではない。親鸞という一個物として、単独者として、仏に対したのである。一対一で、仏に対したのである。ここに、宗教の極意がある。ここにおいては、他人は関係がない。他人との関係で考えられるべきものは、道徳（倫理）なのである。そして、善と悪は道徳の問題であり、罪と罰は宗教の問題である。

（2）西田幾多郎の自由論──「必然の傍ら（裏）に（は）自由がある」

伝承によれば、お釈迦さまは、お生まれになられた時、四方に七歩ずつあゆまれ、右手で天を左手で地をお指しになって、「天上天下唯我独尊」と獅子吼された、という。「誕生仏」と呼ばれるそのようなお像をご覧になった方も多いと思われる。お釈迦さまのお誕生を祝う「花まつり」（四月八日）で、甘茶をかけられる仏様が「誕生仏」である。ところで、いくらお釈迦さまでも、「天上天下唯我独尊」とはなんと傲慢な、と思われるかもしれない。私は、この語を禅の「公案」として修行するのもありではないか、と思うが、それはそれとして、今は、そこに於ける「尊」を「存」に置き換えて、「天上天下唯我独存」という言葉を作ってみた。そして、それを以下のように解釈しようと思う。

「天上天下唯我独存」とは、文字通りに、「世界で、唯、我、独り、存在する」という事を意味する、即ち、「世界には、我の他には我はいない」というのである。「我は、そのような独自の存在である」というのである。一口で言って、「我は実存である」というのである。そして、そのような我──「実存」としての我──を、西田幾多郎は「個物」と言い、ライプニッツは「モナド」と言った。そうだとすれば、「個物」といい、「モナド」といいうも、共に、全く事実そのものを表現しようとしているのである。

以下において私は、上田閑照監修、野家啓一編・解説の『西田哲学選集』第二巻（燈影舎、一九九八）所収の西田の「科学哲学」論文集をテキストにして、西田幾多郎の「個物」とライプニッツの「モナド」を念頭に、「歴史的世界における必然」について考えてみようと思う。

アリストテレスでは、生成は（自然の法則に従って）自然的であったが、プラトンでは（形相に従って）制作的であった（中略）。かかる（形相的・制作的）世界は、正に、私のいわゆる歴史の世界でなければならない。歴史的世界というのは、（形相が質料を限定する）形相から質料への世界であると共に、またどこまでも（質料が形相を限定する）質料から形相への世界でなければならない。否、それは、形相と質料との矛盾的自己同一の世界でなければならない。歴史的世界であるかぎり、（形相と矛盾的自己同一を成さない）単なる質料というものがあってはならない。然らざれば（そうでないならば）、それ（歴史的世界）は自然の世界たるを免れない。それ（歴史的世界）はどこまでも、（自己同一的に）形相が即質料であり、質料が即形相である世界でなければならない。故に私は、これ（形相と質料が矛盾的自己同一的に示していること）を（「形」と言い、そして、）

「形が形自身を限定する」と言う。歴史的世界は、（単に形相でも単に質料でもなく、両者の矛盾的自己同一である）形が形自身を限定する世界であるのである。而して、かかる世界が創造的世界であるのである。創造的世界とは、質料がまた形相となる世界でなければならない。（創造的世界とは、作られた世界がまた作る世界となる世界なのである。）（質料と形相との矛盾的自己同一的なるもの（——形——）を、私は創造的体系と言う。）　（146:1-10）

註：歴史的世界として、例えば、個物的多として「江戸の町人たち」を、全体的一として「江戸の町人文化の世界」を、考えてみたらどうであろう。両者が、矛盾的自己同一を成していることは、実感できるのではないか。

かかる形が形自身を限定する創造的世界は、ライプニッツのモナド的世界を考える事によって理解し得るであろう。モナドはこの世界の個物として自己自身に於いて全世界を映すと共に、唯一なる世界の一観点である。（Monadologie. 56. 57.）多と一との矛盾的自己同一の世界においては、無数なる個物の相互限定として、世界の唯一なる形（形相）が決定せられると共に、無限なる個物は、自己自身を形成する世界の形成要素（質料）と考えられねばならない。（「多と一」に於ける）後者の立場すなわち一の立場からは、無数の個物は、自己自身を形成する世界の質料と言うことができる。しかし多の一々がどこまでも個物的として（一なる世界に対して）形成的であり、それぞれに世界形成の一つの仕方、一つの立脚点とするならば、それ（個物）は、単なる質料ではなくして、世界形成の形相（を決定するもの）として、与えられた世界を質料としてこれを形成するものでなければならない、（即ち、）作られて作るものへの方向にあるものでなければならない。（個物的多と全体的一の）矛盾的自己同一の世界に於いての個物的多は、一々が我々の自己の性質を有ったものでなければならない。故に無数なる個物の相互限定として一つの世界が決定せられるということは、世界が作られたものとして自己自身を質料化することであり、物質化することである。しかしそれはまた同時に、世界が無数なる個物的多の統一的物（ライプニッツの神）として、個物の個物として、形相の形相として、自己自身を形成して行くことである。（個物的多と全体的一の）絶対矛盾的自己同一の世界は、どこまでも作られたものとして自己自身を質料化すると共に、どこまでも作るものとして自己自身を形相化して行くのである。これを形が形自身を限定すると言う。（146:11-147:8）

そうであるとすれば、我々は、こう言うことができるであろう。

歴史的世界の必然は、機械的でもなければ、目的的でもない。必然の傍ら（裏）に

（は）自由があるのである。（147:16-17）

従ってまた、我々は、先に人生について言ったことを歴史に置き換えて、こう言うこともできるであろう。

歴史は「予定調和」だ。

西田哲学によれば、「人生も歴史も予定調和だ」ということになるようである。そうだとすれば、我々は、何もせずに、時の流れに身を任せていればよいのであろうか。勿論、そんなことはない。ここで我々は、若き日の道元を思いだす。

（3）西田哲学の系譜――「如浄―道元―西田」

若き道元は、比叡山で、多くの疑問に出会った。なかでも、天台教学の根本にある「本覚思想」には、大いに悩まされた。それは、「本来、仏性は天然自然に自己の本性である」

という思想である。そうであるとすれば、「何故、我々は修行するのか」。道元は、この問いを抱き、明全に供して中国（宋）に渡った。そして、諸山を訪ね、臨済禅を学ぶが、納得がゆかない。しかし最後に、天童山で如浄禅師の下で曹洞禅の修行に励み、遂に悟りを得る。その経緯については、こう言われている。

あるとき、修行中の僧が坐禅中に眠ったので、如浄が「参禅は須らく身心脱落なるべし、徒に打睡して何をか為すに堪えん」と大喝して、警策を加えた。そのとき、隣に坐っていた道元が豁然として、大悟したのである。

何のために「参禅」するのか。「身心脱落」するためである。「身心脱落する」とは「無我になる」事ではないのか。では、何のために「無我になる」のか。それは、「無我と言うときの、無くなってほしい我《が》が、我《わ》が本性たる仏性を阻害しているから」ではないのか。我《わ》が本性たる仏性が働くためには、我《が》を無くさなければならないのである、即ち、「身心」を脱落させねばならないのである。そして、坐禅は、その手段なのである。道元は、得心した。そして道元は、経典も仏具も仏像も持たずに、その得心——覚り——だけを携えて、帰国したのである。

道元が帰国して著した大著『正法眼蔵』の巻頭を飾る「現成公案」には、こうある。

仏道をならうというは自己をならうなり、自己をならうとは、自己をわするるなり、自己をわするるとは、万法に証せらるるなり。

ここで「自己をわするる」とは、まさに「無我になる」という事ではないのか。実は、西田幾多郎は、その最後の完成論文「場所的論理と宗教的世界観」において、そう引用してから、こう続けるのである。

科学的真に徹することも、これにほかならない。私はこれを「物となって見、物となって聞く」という。否定すべきは、抽象的に考えられた自己の独断、断ずべきは、対象的に考えられた自己への執着であるのである。(355:8-11)

われわれはここに、「如浄―道元―西田」と引き継がれた「無我」の思想を見ることができる。

（4）修証一如——「坐禅は即ち身心脱落である」

「現成公案」の末尾には、こうある。

麻谷山宝徹禅師、扇を使う。ちなみに僧来りて問う。風性は常住にして、処として周《あまね》からざる無しなり。何を以てかさらに和尚扇を使う。師曰く、汝ただ、風性は常住である、という事を知れりとも、いまだ、処として至らずという事なき道理を、知らず、と。僧曰く、如何ならんか、その処として周からざる無し、という事の道理。ときに師扇を使うのみなり。僧礼拝す。

この問答の要旨は、こうである。宝徹禅師が扇を使っている。そこに僧が来て、問う。「風は常に隅々まで行き渡っているのに、何故、更に扇を使うのか。」禅師が答えて言う。「汝はただ、風は常に隅々まで行き渡っている、という事を知っているのみで、その道理を知らない。」これに対して、更に僧は問う。「その道理とは何か。」禅師は、これには答えず、ただ扇を使うのみであった。僧は、納得して、礼拝した。では僧は、何に納得したのか。僧は、「手をこまねいていては、風は起きない。扇を使ってこそ、風は起きるのだ。」という事を覚ったのである。

ここで「風性」を「仏性」に置き換えてみよう。すると、ここでの話は、『弁道話』の冒頭部分にある次の言葉に通じるであろう。

この法（仏性）は、人人の分上にゆたかにそなわれりといへども、いまだ修せざるにはあらはれず、証せざるにはうることなし。

これは、こういうことである。

仏性は、人々に（本来）豊かに備わってはいるが、修行しなければ現れず、（修行してその存在が）証明されなければ、何にもならない。

「仏性」の顕現（存在証明）には「修行」が必要なのであって、修行しなければ、人々に本来豊かに備わっている、と言われる仏性は、宝の持ち腐れ、であり、ただの「絵に描いた餅」なのである。この事を道元は「修証一如」とか「修証一等」とか言った。

では、我々は何をどう修行すればよいのか。それは、勿論、証を、開花させるように、である。本質的に内在している仏性を仏性として実現させるように、である。道元は、『正法眼蔵』の「仏性」の巻において、『涅槃経』の中にある「一切衆生、悉有仏性」という言葉を、普通は「一切の衆生は、悉く、仏性を有す」と読むところを、「一切は衆生にして、悉有は仏性である」と読んだ。その要点は、「悉くの有（存在）は仏性である」という所にある。要するに、「衆生は、（その本質において）仏である」というのである。一口で言って、「我も仏、お主も仏」なのである。そして我々は、そういう世界を実現すべく、修行すべきなのである。そして勿論、すでに明らかであろう。此処で言う「修行」とは、「坐禅」のことなのである。「只管打坐」——唯ひたすらに打ち坐ること——これ以外に、「修行」なるものは存在しない。如浄は、道元にこう言った。

参禅は身心脱落なり。焼香・礼拝・念仏・懺悔・看経（お経を意味を考えながら黙読すること）を用いず、只管（ただひたすら）に打坐するのみ。

また、こうも言った。

身心脱落とは坐禅なり。只管に坐禅する時、五欲（財・色・飲食・名利・睡眠の欲）を離れ、五蓋（五つの障害）（貪欲・瞋恚《しんに》（怒り）・睡眠・掉悔《じょうげ》（心のざわつきと後悔）・疑）を除くなり。

また、こうも言った。

只管打坐の作功夫（工夫をなし）、身心脱落し来るは、乃《すなわ》ち五蓋・五欲等を離るるの術なり。此の外に都《すべ》て別事無し、渾《すべ》て一箇事無し。

これらは、道元の『宝慶記《ほうきょうき》』からの引用である。この書は、道元が宝慶元年（一二二五）に如浄に参見してから身心脱落して得度し帰朝するまでの間、随時入室して如浄に問法した顛末を詳しく記録したものである。（竹内道雄『道元』（新稿版一四〇―一四一頁）を参照）

この記録から見ると、如浄に於ける「身心脱落」とは、「我（が）の脱落（無我）」であり、「執着の脱落（無執着）」なのである。そしてこれが、坐禅の全てなのである。坐禅は、身心脱落の為にするのではない。坐禅は原因、身心脱落はその結果、ではない。坐禅は即ち身心脱落なのである。身心脱落していない坐禅は坐禅ではない。坐禅と身心脱落は盾矛的自己同一なのである。此処に於いては、「修証一如」なのである。僧たちは、この境地を目指して修行する。そしてそこに、安心立命の生活が可能になるのである。

この境地について、西田幾多郎は、こう言っている。

> 南泉は、平常心（中略）といい、臨済は、（中略）祇（た）だ是れ平常無事《びょうじょうぶじ》、屙し送尿、着衣《じゃくえ》喫飯《きっぱん》、困《つか》れ来れば即ち臥す、という。
>
> （「場所的論理と宗教的世界観」355:3-5）

そして、道元はその境地を「自受用三昧《じじゅゆうざんまい》」という。それは、全てを「受け入れて、それと一体になる」ということであろう。それでは、肝心の西田はどうであろう。西田幾多郎は、その境地を「平常底」（「平常であること」）と言う、そしてそれは、「場所的論理と宗教的世界観」において、こう言われている。

> 私が此《ここ》に「平常底」というのは、（「平常」を、例えば「常識」のように解して、）常識（的なるもの）と混同せられてはならない。常識というのは歴史的に作られた社会的な知識体系に過ぎない。私の「平常底」というのは、我々の自己の本質的な一つの立場をいうのである。我々の人格的自己に必然的にして、人格的自己をして人格的自己たらし

める立場をいうのである。即ち真の自由意志の立場をいうのである。（383:8-12）

そして、以下こう続く。

絶対的一者の自己否定的に個物的多として成立する我々自己の、自己否定即肯定的に、自己転換の自在的立場をいうのである。（383:12-14）

何という難解な文章であろう。私は、それをこう理解しようと思う。

絶対的一者の自己否定に於いて成立する個物的多としての我々の（自由意志を有する）自己の、（自由意志を否定する）自己否定は、即ち、（そのような自由意志の存在に関する立場の自己転換を肯定する）自己肯定なのであり、（そのように自由意志の存在を自在に肯定したり否定したりする）自己転換自在の立場、これが自由意志の立場なのである。

従って、西田哲学においては、自由意志の存在は、肯定されたり否定されたりするのであって、その矛盾的自己同一こそが、真実なのである。そして、僧たちは、そのような「自己転換自在の立場」・「自由意志の立場」、言うなれば「絶対自由の立場」を目指して修行するのである。

では、西田においては、どうであったのか。私は、ここにおいて、上田閑照編の『西田幾多郎随筆集』（岩波文庫、一九九六）の「参禅日記」からその冒頭「一か月」の部分を引いて、西田の禅修行の一端を垣間見ることにする。当時の若き血潮にあふれる西田の、参禅への熱気を感じていただければ、と思う。

明治三一年（一八九八年）二八歳［山口高等学校在任］

一月（正月は、休暇で京都にいた。）

一日（土）　雨。七時半晨起《しんき》。一〇時頃独参。僧堂［京都妙心寺の（参禅）専門道場］にて昼飯を喫す。午後と夜は坐禅。

二日（日）　朝暗き中より起きて坐禅。（中略）午後と夜は打坐（たざ）［坐禅］。

三日（月）　八時晨起。（中略）夜は打坐。

四日（火）　二時晨起。七時頃独参。（中略）午後及び夜は打坐。

八日（土）　午前五時二〇分京都出発、午後九時一〇分徳島着。

一〇日（月）　この日より学校授業始まる。（中略）夜打坐。

一一日（火）　午前七時半晨起。夜（中略）打坐。
一四日（金）　（中略）夜は一時間程打坐。
一五日（土）　（中略）午前一時まで打坐。
一七日（月）　晨起七時。（中略）夜は一二時まで打坐。
二四日（月）　（中略）八時より一二時まで打坐。
二五日（火）　（中略）一二時まで打坐。
二六日（水）　（中略）七時より打坐、一時眠りにつく。
二七日（木）　午後眠る事二時間。夜は七時より一二時半まで打坐。
三〇日（日）　（中略）八時より一二時まで打坐。
三一日（月）　午後打坐少時。（中略）八時より打坐、一一時まで。

なお、この年の日記の巻末表紙裏に、こう書かれていた、という。

私心を去れ　人に悪をかくすなかれ　良心に少しにても違うことはなすなかれ
工夫は念々着実にし等閑にすることなかれ　一寸の光陰も重んずべし
東嶺和尚曰坐時々々参　行事々々参　臥時々々参　食時々々参　語時々々参

一切作務時々々々々々々参

ここにおける「東嶺和尚曰云々」の部分は、解説によれば、以下のようなことになる。

東嶺《とうれい》和尚（白隠の弟子）曰《いわ》く、坐時（ざじ）には坐時に参《さん》じ（坐る時には「坐る」になり切り）、行事《ぎょうじ》には行事に参じ（なり切り）、臥時《がじ》には臥時に参じ（なり切り）、食時《じきじ》には食時に参じ（なり切り）、語時《ごじ》には語時に参じ（なり切り）、一切作務時《さむじ》（仕事をする時）には一切作務時に参ず（なり切る）。

後書

――「矛盾的自己同一」(「相補的」) はこの世の「論理」

序から始まり、結構難儀してここまで来た私には、以上全体を振り返って、最後に、こういう言葉が浮かんで来る。

「矛盾的自己同一」という概念には、いささかの矛盾もない。それは、「矛盾」という概念を含みつつも、全体としては「必然」にして「無矛盾」なのである。それは、全く自然な、しかし、物事の真相――深層――を語るには不可欠な、根源的形而上学的概念なのである。

また、こういう言葉も浮かんで来る。

ある一つのものαがある。それは、視点aから見ればAに見え、視点bから見ればBに見える。この場合、αは、その二つの見え姿AとBに於いて、「矛盾的自己同一」なのである、と言える。

この事は、以下の例示によって、納得して頂けると思う。


葉は、表と裏に於いて、「矛盾的自己同一」である。

自然数は、基数と序数に於いて、「矛盾的自己同一」である。

図〈アヒル／ウサギ〉は、〈アヒル〉と〈ウサギ〉に於いて、「矛盾的自己同一」である。

世界は、「個物的多」と「全体的一」に於いて、「矛盾的自己同一」である。

人生は、自由と必然に於いて、「矛盾的自己同一」である。

神は、超越と内在に於いて、「矛盾的自己同一」である。

認識（行為的直観）は、行為と直観に於いて、「矛盾的自己同一」である。

電子は、波動性と粒子性に於いて、「矛盾的自己同一」である。

等々。

ある一つのものαには、「矛盾した二つの姿」（AとB）がある。αは、ある時はAであり、また、ある時はBなのである。それは丁度、電子は、ある時は波動であり、また、ある時は粒子である、というのと同じである。このような時、量子力学では、電子には「相補性」がある、と言う。「電子」には「波動」の側面と「粒子」の側面があり、この両側面が互いに「相い補って」、はじめて「電子」という一つのものが成立するのであるから、である。そうであるとすれば、ある一つのものαには「相補性」がある、ということになる。これを一般的に言えば、「矛盾的自己同一」なるものには「相補性」がある、ということになるのではないか。

よく言われる「A即B」も、これと同じ意味である。さきに、「ヘラクレイトス」の処で述べたことであるが、例えば、弓を構え、的に向かって、キリキリと弓を引き切った時の姿を意味して「動の極致としての静」などと言うとき、その時は、「静即動」である、と言える。その姿は、時間的な経過を無視して、ただ空間的に描けば「静」であるが、事柄の時間的な経過を意識しながら、その未來の姿をも含めて言えば、「動が内在している静」――即ち、「動的な静」――なのである。それは、言わば、ただ「空間」的に見れば

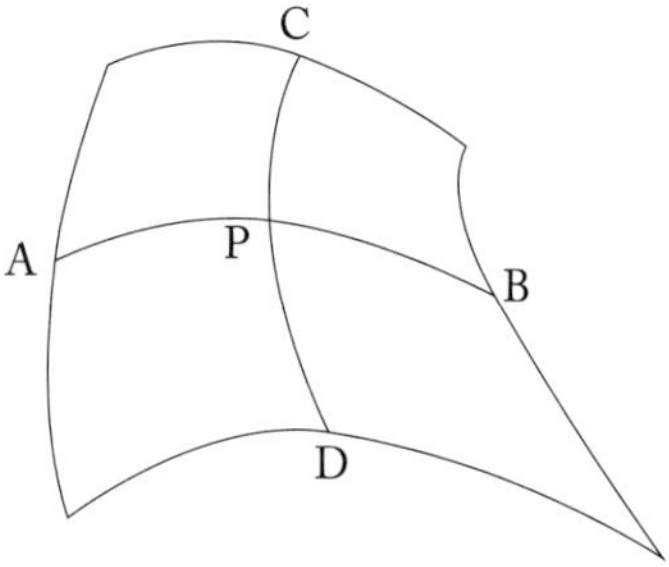

「ものは、見よう（視点）によって
変わるのだ。」（認識の「相対性理論」）

「静」であるが、「時間」において「時間」的に見れば「動」なのである。これは、一つの事態についての、「矛盾した二つの姿」である、と言えよう。したがって、この場合の一つの事態は、矛盾的自己同一であり、且つ、相補的なのである。此処における一つの事態は、「静」にして「動」、「動」にして「静」なる「矛盾的自己同一」の事態であり、「静」と「動」という矛盾した二つの概念を相補的に用いてのみ、十全に表現し得る——語り得る——のである。

最後に、印象的な一例を挙げておく。「鞍型」という形がある。言うまでもなく、乗馬の時に、馬の背に置く「鞍」の形のことである。（右上図を参照）しかし今は、乗馬とは関係なしに、旅人がＡからＢへと峠を越えてゆく、という事態を考える。峠の最高点Ｐには一軒の小さな茶店があって、旅人はそこで一休み、という趣向である。そこはまた、ＣからＤへの道の交差点でもある。そして勿論、交差点Ｐは、ＣからＤへの道の最低点である。要するに、鞍型においては、点Ｐは、ＡＢの最高点であり、同時に、ＣＤの最低点なのである。そして、かく言うことに、何の矛盾もない。ここに於いては、点Ｐは、「最高点である」という事と「最低点である」という事において、字義上矛盾している一つのもの（「自己同一」者）なのである。

〆の言葉：「私は日々矛盾的自己同一である。」（世界最短の人生観）……(1)

その心は、「主語としての〈私〉は、日々、述語的には（矛盾的に）変化しているが、

しかしその〈私〉は、その変化を通じて、一貫して自己同一である。」

例えば、こうである。

〈私〉は、幼少のころ、自転車に乗れなかった。しかし、近所の公園で自転車を借りて、指導員に教えてもらっているうちに、コツをつかんで、急に乗れるようになった。（「私は自転車に乗れなかった」と言うときの、）乗れなかった私α^{1}は、それと矛盾する（「私は自転車に乗れるようになった」と言うときの、）乗れる私α^{2}になったのである。しかし、ここにおける「乗れなかった私α^{1}」と「乗れるようになった私α^{2}」は、同じ一つの〈私〉――αなる固有名によって表される一つの「自己同一」なる私――なのである。このように、〈私〉なる存在は、αなる自己同一の固有名に、矛盾するサフィックス（添え字）^{1} ^{2}を添えて表現されるところの、「矛盾的自己同一」なるものなのである。これは丁度、〈電子〉なる存

在には、矛盾する二つの存在様態——「波動性」と「粒子性」——がある、即ち、「相補性」がある、というのと同じである。

話を少し拡げよう。思えば、私は、生まれ、生き、死んでゆく。そうであるとすれば、私には、生前（1）があり、誕生（2）がり、生（3）があり、死（4）があり、そして死後（5）がある、ということになる。ここで、私なる存在を「α」なる固有名で表せば、これらの存在様態は、それぞれ、「α_1」、「α_2」、「α_3」、「α_4」、「α_5」のように表すことができよう。そして勿論、これら五つの存在様態は、私なる一つの存在αの五つの相互に矛盾した存在様態なのである。したがって、私なる存在αは、そのような五つの矛盾せる存在様態を述語とする主語として、それらを貫いているのである。即ち、こう言うことができよう。

「私の一生は矛盾的自己同一である。」（世界最短の人生観）……(2)

そうであるとすれば、これら二つの人生観をまとめて普遍化すれば、こういう事になる。

「矛盾的自己同一」は、変化の「論理」である。

そして、「万物流転」、これがこの世の「論理」であるとすれば、結局、こういう事になる。

「矛盾的自己同一」はこの世の「論理」である。

最後に、戯れ句を一つ。

散る桜、その状態は（矛盾的に）異なれど、咲いた桜と同じ（自己同一）なりけり。

これらの例から明らかなように、「矛盾的自己同一」は、（述語の）時間的変化における（主語の）自己同一を主張するのであるから、変化の論理ではあるが、しかし同時に、「時間の論理」でもある、と言われよう。そして勿論、それは正しい。そうであるとすれば、さきに例示した「鞍型」における点Pの、「ABの最高点であり、同時に、CDの最低点である」という「矛盾的自己同一」は「空間の論理」であろうか。実は、そうではない。点Pを「ABの最高点」と認めた時には、CDは視野の外にあったのである。そして、C

Dが視野に入って来るのは、その次の瞬間なのである。さきに「同時に」と言われたのは、（時間を捨象した意味での）「無時間的」という意味での、（即ち、論理的な意味での）「同時に」という事なのである。「鞍型」における点Pの最高点と最低点に於ける「矛盾的自己同一」は、実は、やはり「時間の論理」であったのである。ここで我々は、道元言うところの「有時」を思い出さなくてはならない。すでに、Iの「西田幾多郎と道元の時間論」で述べたように、「有る」とは「時する」という事なのである、「時に於いて有る」という事なのである。当該箇所をお読み頂ければ幸いである。

ところで、私がこの小著を執筆中に、その都度心に描いた「矛盾的自己同一」についての種々のイメージを総括すると、以下のようになる。

（実在）α（の時間経過）＝……→α_1→α_2→α_3→……（主語）

（実在）α（の現れ）＝……→A→B→C→……（述語）

（固有名「α」によって指示される、この桜）αは、（咲いた）A。この時の、咲いた桜をα_1とする。

（固有名「α」によって指示される、この桜）αは、（散った）B。この時の、散った桜をα_2とする。

以下、同様。

万物は、時間の経過とともに、変化する。例えば、桜の場合、単に、「咲いた」「散った」だけが変化ではない。桜の木は、目には見えねど、日々成長し、あるいは、枯れてゆく。しかしその桜の木は、それによって、別の木になる訳ではない。依然として、その桜の木なのである。そこに於いては、その桜の木の「自己同一性」は、保持されている。我々人間の場合も同様である。我々人間も、身心ともに日々変化している。しかし我々人間は、みな個物として「固有名」を有し、一定不変の「固有名」によって指示される個物として、自己同一なのである。かくして桜も人間も、「自己同一」ながら「変化」し、「変化」しながら「自己同一」なのである。しかも此処に於ける「変化」は、（実在）αの現れに於ける変化（例えば、A→B）であって、そこにあるものは、AとBの間に於ける（Aを否定して、それと矛盾するBになる）「（矛盾的）変化」なのである。これを西田はただ単に「矛盾」と言った、と思われる。そうであるとすれば、ごく自然に、次のように言うことができるであろう。

　αは、α_1、α_2、α_3……に於いて、「矛盾的自己同一」である。

ある意味で、これが本書の窮極の結語である。そして勿論これは、例えば「人類」のような「集合名詞」にもあてはまる。その場合には「……↓α_1↓α_2↓α_3↓……」は、宇宙の誕生（ビッグバン）から始まって、生命の誕生、人類の誕生、人類の進化、人類の消滅、……に至る歴史を表している。そして人類は、その誕生、進化、消滅に於いて「矛盾的自己同一」なのである。「人類」という存在は、その誕生、進化、消滅に於いて、自己否定的に――矛盾的に――変化しながら、「人類」として「自己同一」なのである、即ち、「矛盾的自己同一」なのである。そして、この事を可能にするために西田幾多郎は、さきの拙著『「西田哲学」演習』で明らかにしているように、個物と個物の媒介者「M」の外に、法則的な一般者「A」、というものを導入するのである。

　読者諸氏におかれましては、なにとぞ西田幾多郎の「著作」を、一字一句ないがしろにせず、直接、熟読・味読していただきたい。私の拙い経験によれば、難解な著作に挑むときは、その著作こそが――そして、それが外国語であるときは、その外国語の原書こそが――最良の解説書なのである。そして私は、西田幾多郎の「著作」に挑むときは、この作戦こそが最良である、と確信する。勿論、その前段階として、いくらかのいわゆる「解説書」に目を通すことは必要であろうけれども。そして本書がその役割を果たすことができれば、幸いである。

著者略歴

黒崎　宏　*Hiroshi Kurosaki*

1928年、東京に生まれる。東京大学大学院哲学研究科博士課程単位取得退学。長らく成城大学教授を務め、現在は成城大学名誉教授。著書に、『科学と人間』『ウィトゲンシュタインの生涯と哲学』『言語ゲーム一元論』（以上、勁草書房）、『ウィトゲンシュタインが見た世界』（新曜社）、『ウィトゲンシュタインと禅』『ウィトゲンシュタインから道元へ』『ウィトゲンシュタインから龍樹へ』（以上、哲学書房）、『純粋仏教』『理性の限界内の般若心経』『〈自己〉の哲学』『啓蒙思想としての仏教』『悪の起源』『「西田哲学」演習』（以上、春秋社）など多数。編著書に、『ウィトゲンシュタイン小事典』（山本信共編、大修館書店）など。訳書に、『ウィトゲンシュタイン『哲学的探求』読解』（翻訳と註解）クリプキ『ウィトゲンシュタインのパラドックス』（以上、産業図書）、マルカム『ウィトゲンシュタインと宗教』（法政大学出版局）など多数。

「絶対矛盾的自己同一」とは何か
続・「西田哲学」演習

2022年2月20日　第1刷発行

著　者―――黒崎　宏
発行者―――神田　明
発行所―――株式会社 春秋社
〒101-0021 東京都千代田区外神田 2-18-6
電話 03-3255-9611
振替 00180-6-24861
https://www.shunjusha.co.jp/
印刷・製本――萩原印刷 株式会社

ISBN 978-4-393-32397-7
定価はカバー等に表示してあります